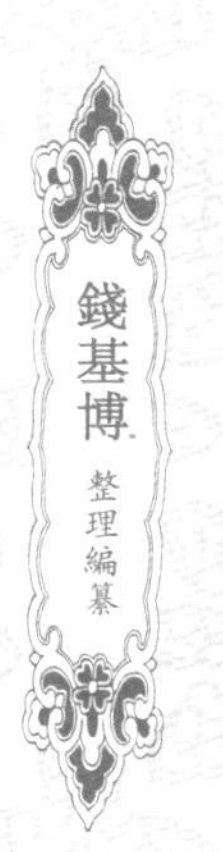

復堂師友手札菁華

【中】

人民文學出版社

施補華　二通

仲脩仁兄大人閣下别五年矣西
蒞東勞分飛燕恙唯聞河阻脩
書問斷絶為可痛恨耳比来
精力何似嬰此作述之志能以時
昔吾百盟之將已吾一嫗文部許
已長歲又有年二雛吾全樵先生
久疏音敬恬退之身易于頤養想

登臨腰腳無異往年也松谿藍洲均小有成就此間陶方之政聲卓然不負所學可愛敬也子長聞補蒼梧而翻閱縉紳另是一人費耳怪耳桐孫近狀亡後未知風流雲散一別如雨思戴園梭書之樂如夢寐矣第自大軍出塞悉佐軍潛適然

際會師有大功遂亦一例蒙賞世資

惟憾之謀武条百一亡賊步數千里

並來一親鋒鏑也俟伊歸來即

擬開設行省用漢人之說而後通

政易之秦隴益得多一屏蔽矣揚石

卿亦將西來辦理善後寬厚長者

必能為殘區造福也惟收場於戰場

弟日坐戲箱子上場作劉下場洗妝情態畢露，必自唱一闋忸怩未發也。茲乘張綺村章韓臣南歸之便，聊布數行，並附注華寺碑兩部，燉煌碑一紙，姜行本紀功碑一紙，以伴函，即頌

未寄子寧姻兄樹蘆洲也

別也

升安

愚弟補華頓首 六月廿日 酒泉軍次

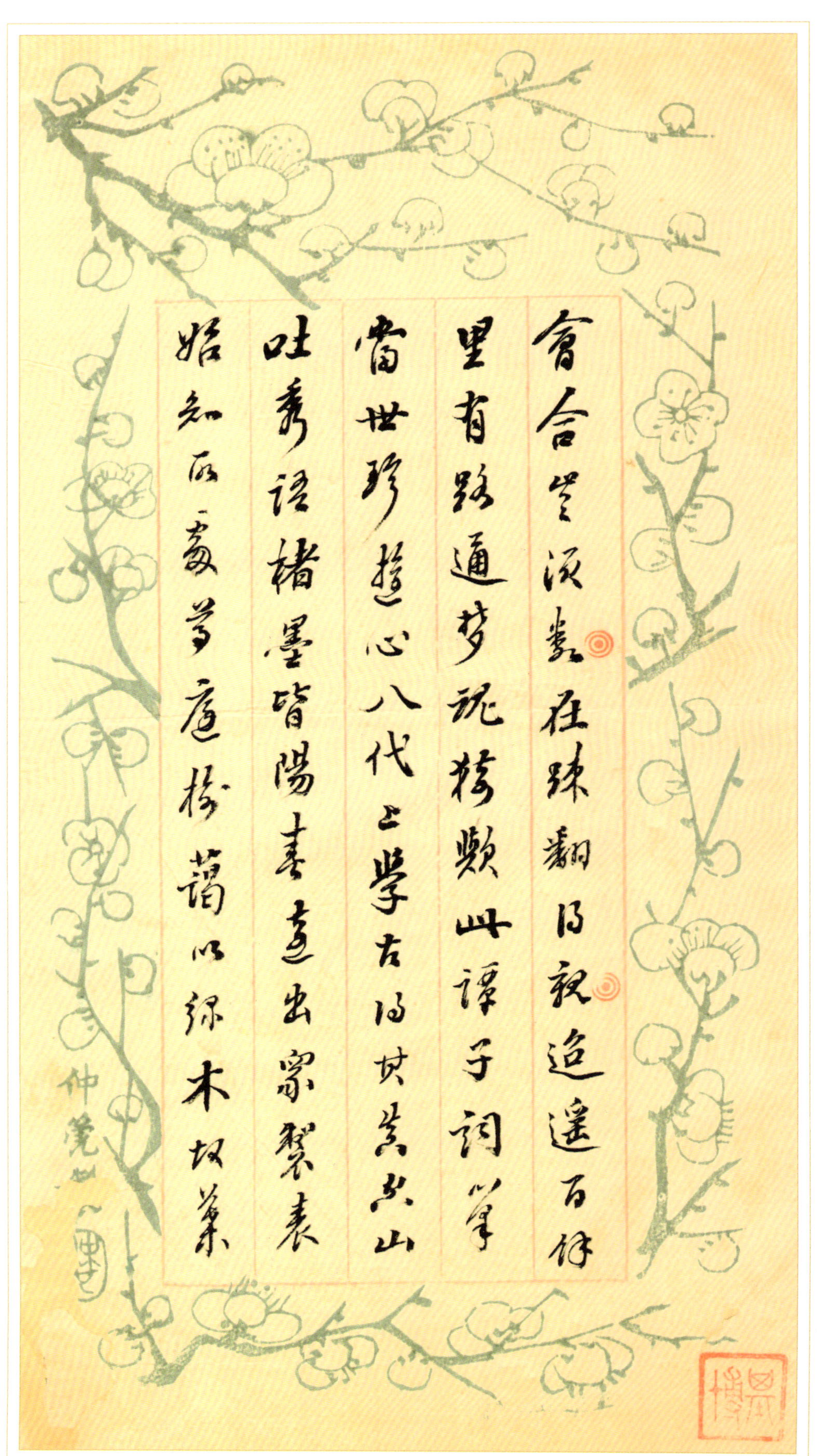
會合豈須數在殊翻乃親迢遥百仟
里有路通夢魂精數此譚子詞筆
當世珍超心八代上學古得其真出山
吐秀語楮墨皆陽春遠出家聲表
始知所處夢庭樹藹以綠木坂葉

仲覺如

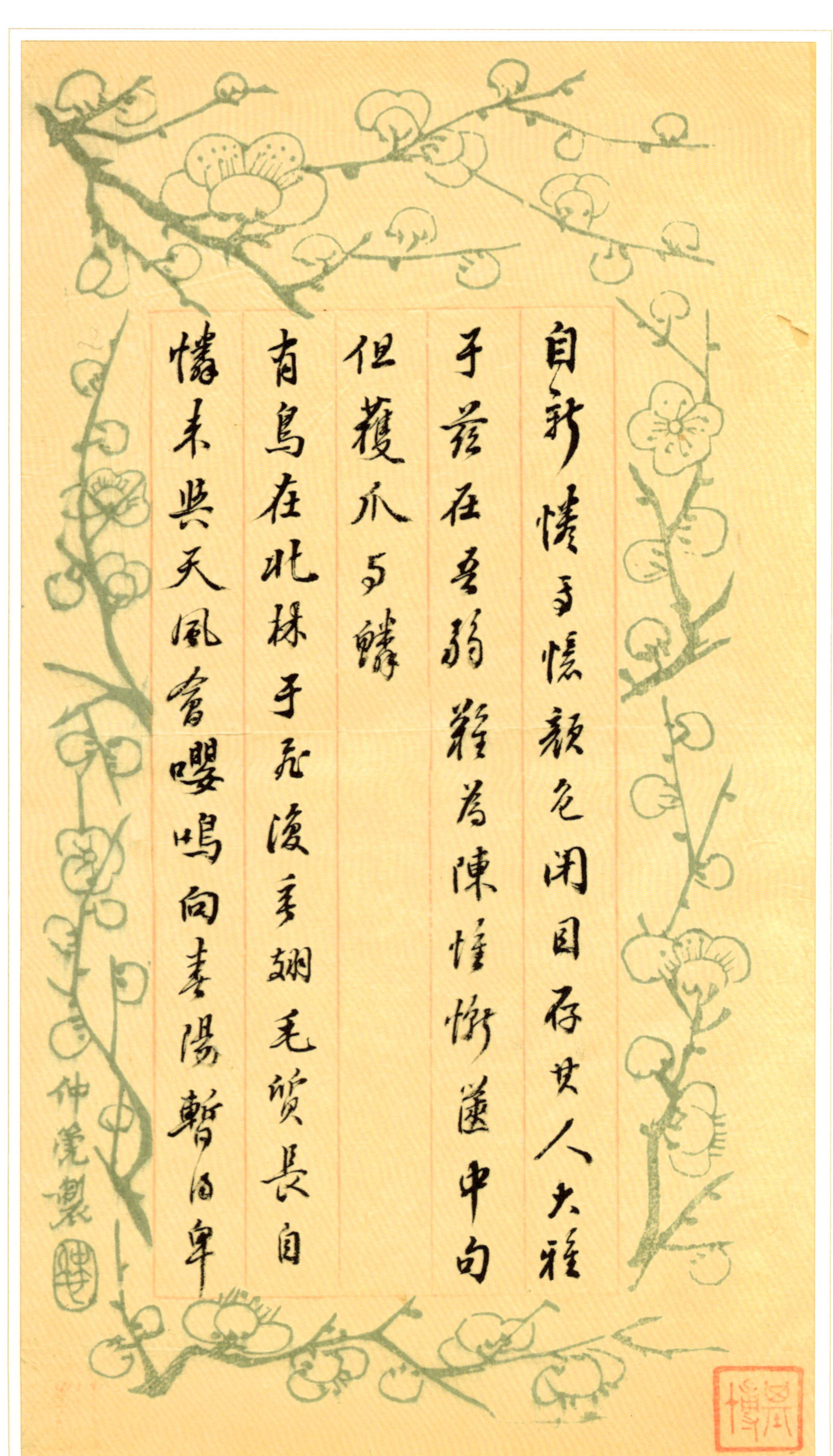

自新歲分手憶顏色閒因存世人大雅
手蓋在吾弱難為陳惶懼遂中句
但獲爪與鱗
有鳥在北林手免復奮翮毛質長自
憐未與天風會嚶鳴向春陽暫回卑

仲覺製

樹寳語絲將好音遠為逢人殘藝雀

點云徽啾啾久為類鵑背回顧扶搖

未霄外何心忘飢啄肯意去近害

仰望雲峯題字字似車蓋

仲脩賢兄正之　寫禮東施補書呈草

袁昶　二十八通

中修學長兄先生同年大人尊前十四日到蘇州晤銘青
玉珊〻〻館事有五分光矣所屬累兄買書一時無覓處渠
近日有滬行張羅甚忙十九日換江船開行廿三日抵京
口廿四日游焦山登定慧寺凡到蘭若七八處遂上絕頂盤
紆而下覓焦光隱處乃一小石穴上為石竇中空而趺尻
又可避甚風疾雨吾亦欲于此方住著一失比回京口已昃日
黑是日惟藏經閣未到須後游細繙全藏焦山鼎
瘞鶴銘俱已覽訖二十七日守風黃天蕩二十八日達秣陵
晤桑根師即下榻書院筋疲稍憩大約于十月初五
後渡江一切尚須商酌羈旅之況可想四五兩弟聞俱
獲雋乃趣刻試艸書院閑房甚多夫子杖履亦健
此間局面遠遜吾省無論何項文句當事緊不[illegible]訓
芸子子高尚未見面算偲老在吳中見數面云將往
揚州中白亦在揚州禮園聞亦在彼頗有浮言聲名狼

籀吾師清癯如此，天資可惜。我
哥秋行何日？定見近日禾中院試，當畢來修羊業已就
緒否？何時回杭？此役是否大現金銀氣？嫂夫人安
否？
車力雖富，極書宜嗣小星之舉，即能辦否？雖不敢
聲明，甚以為念。同人諒俱精進，安穩可念。坿父考試
何如？此君究是好友，血气可愛，頗行學承
厚。餽又貺璫札相知，張宋在
師又之間，感浹五內，不敢鳴謝。弟此間小住，既之江北部
扈顧江南，真鄉望拜州是故鄉也，可念。明春挈眷回杭，
或先行入浙，尚未定局，大約不出此二者。少某及仁父
家屬求時〻顧之，不待賤子知吾
兄自有菩薩本相也。千里寄書，言多不盡，順訊
安康，珍攝〻〻，不竭依因之忱。韋如小弟昜叩上　九月廿九日

仲修長兄大人侍史 伏承二月十日
手毀猥以璅末辱
垂懷恩殷勤加飭閑
君相憶之函 金石葆軀慰走長飢之頤 僕行同跛鼈亦以蹩笑
之書心類聾蟲 發其怵攸之惑 昔之子桑善病惠施著書時來莫逆
之言夫既濠梁之趣方茲
盛愛何以加諸 僕于斯時雖蘭茝別本而同澤於臭鶼鸗異翥而共恍
於兔矣 惟冀
台候溫涼以時增攝
仕學日晉 令聞日垂珍荷、伏以
兄鬱青霞之奇氣褱蒼松之逸姿魯鷄莫識饗靁鼓以何心越鳧
併張戴毋追而竟入圓知舜怯轉以勝人吏當闕其愚我居雖諧俗

响且漂山至若侯應識可詣邊李房術能侯气三啟脊州之詮九旨決
以之科譬韶英之駴耳緄黼之晌目技有等于龍屠事難邀夫蠅語
是則闇婀㚘美室歌成相之篇驪黃涵迷孰作甫楨之嶺者矣然而杜
陵樸木思啟祿之霑腸陶令雞門須從謌以植援竊望
損魯諸生之節榮同柱下史之光塵東方諧世繹彼代瓔之詩必理
昌言取其樂志之語暫從園曲不飾嶔崎興為町畦無妨芽靡古語云
徑路絕風雲通身弥後名弥先斯言熟於古態周密文溪隨時之義如
斯而已欲為鶴糧之頃之謀鰕菜一塵之業其大可以短衣楚製從俗為
之庳固無譏于達人夫何嗤于真隱
孫示胡寬營宅東野逸家迎來桃葉療別思於折麻將到熊兒
解劬顏于覓栗淺雲捲雨送習習之檣烏平蕪際天集喜喜之賓雁
江花椒纈以增媚楚樹縈縹而含情作吏疑仙呼慵夫玉誠為長

笑就卜新巢想邇日
台旌已抵里門秦望樅陽一水可越計往返不過一月間耳涓吉長途精
誠飛賀弟賦命窮薄逢世邪揄雖非燭武之精亡時類張華之心疾
龍門之桐扶疏而半死泰山之竹碟礌而孤生昌黎磨蠍遭五奇窮元
材凍餒輸一囊粟雖伏處棘下栖汲王城然資用之繼被服不完者秝
一稘矣尤可異者去自年來荊山屢刖燕關未摩春朝炢夕難生人之樂
登山臨水有故土之悲乃至戚鄰絕饋問之嗣內舍乏慰藉之語帖經不
工便譏視肉墨義精拙視為攈囊山雞顧影而自憐谷螳噤聲而
誰聽以祇曩日追隨飛蓋覓句胡牀時為
適人所激賞期之以遠到古人鄰之以轟然志節今則違異獸凡無與
為質親舊合離之故令人銷骨嗟夫主父偃必孫宏豈竟車無生
耳之期灰少重蘇之日乎

雲藍閣製

執事俛貼情槩追惟曩游如僕之聲華闇寞心積若翁又何以云

又何以云

兄致　太和夫子箋甫到　函丈奉ゝ殊甚弟依　函丈爲生既受一

廛之庇復滲九里之潤負衡無地銜戢弥襟同人中款求頗負時譽

止潛呂省　尊甫之保定　竹賓自守甚堅志行碻然不可多得然皆傷

於貧耳　南中久未得耗

兄舟過石城定謁　東根夫子顏色不知腰脚更勝後生否索居寄懷

弥太息也　贊公大令厚青感甚緣

儀從東行不即申會别端萬緒觸莞紛來身世敬從都無倚賴大

且學枯定僧隨公喫一日中糙米飯耳　句ゝ拜書不覺燕委伏叩

雙安　起居俱好惟希

采察不備　百一　三月上巳後二日　年小弟袁昶暨妹丈頓ゝ首拜白

仲修先生同年座右今事率〻同困積薪
遂致曠不奉問然前賢云年少樂新知衰
思故交人之情也蓋休暇登臨感川原莽興
會以至竟悉感無時不觸念
濤上無言之契志萬里於屋烏榮夢中證詩
想同之也近承
信懷寗來繫之符繁會之區簿領填委賦稅
勤勤勤勤可知天未秋和氣候暄濁伏惟
履候康愉勇政優裕諸叶頌祝弟前月梓桂
漕銀之牘伏審
公於金株佐科案內有未完一分合得降一級罰
俸僅屬此搞稽覆由吏曹經一周折未遽出
題仍
兄於限內催由後任趕辦贊徵完繳自可請大府
續行咨部聲明業已完繳清楚即可予題
本內抑除免處分則有級可抵亦不要緊也
知閱

雅塵謹以奉聞。近來
吏牘之餘，復有所述造，不聞於款(?)於金石(?)刻行述(?)
中書尺牘未審已刻何種，祈
惠示一二，以開茅塞。至朱墨紛綸，丹鉛不廢，甚
畏先精力之過人。抑祈　衛生有經，勿過劬學。此
以愛養精神爲說。弟雖應曹作倉庚氏，有八年
浮沈冗閑，但免官謗，然心力大半耗于米鹽瑣屑(?)措大
乃亦有十八之食，無文離擂(?)笑之材，薄精之入，誠不足
以給雖(?)時，伏几案東塗西抹，茶苦(?)飯(?)，損去古人日
素矣。今年暮從來京，適值內舍得風痺之疾，
朝呻暮吟，亟需百計，比其疾平，而耗費已不
貲矣。弟屬念近有四男，皆未毀齒，亦未延塾師。大
者已十歲，弟晝趨公府，夕權(?)玉桂(?)，杜陵男子諸曹
不已，又肆力于譯署，所謂老據(?)窮食(?)，獵較隨時，首(?)道
汗[illegible]汗，如是罷(?)，每思古人蟬蛻浮(?)澤超然世緣
之外，平生所自謀者，亦不及此，而竟闕闕于此。
兄將何以教之？賢郎讀書近業何如？惓仰何已。肅
叩頌
道履，百福。年嫂夫人、郎君均吉。年小弟□頓首拜啟

仲脩長兄吾　師大人執事：二月十七日曾奉一椷，計徹

青睞。匆匆春事，倏又朱明，伏惟

朱蓋行春，輿情愛戴，闡人文於鄉校，輯此事於棠陰，

兼望政美年豐倈。

弦誦三徑之資，有所藉手，則它日玉局歸來，卜釣游于

陽羨，偃師老去，聚金石於授堂，雖願大雅償郵，天全亦

樂矣。弟今年秋冬之交，學習期滿，乞改外慮之作令

之才，非留京則善索米之屯，何去何從，敢乞

高明為我決之曹署浮沈幾二年或有為郎之望而一

麾則仍不可必也差幸風波少可不磨來結習耳

然敝衣惡食遙遙之歲行行而周亦殊歡積莽也中年出山

力則無筆也

無識得中第矣山婦於前十八年棄塵漆下昔別是何處

且因隔月甚平安

他日樽酒相逢兒家子弟學成行矣歲月催人官學

兒乞滅就殊不念也館職曾在平齋位寓述

使君清興署齋擒攝一一能誦之寓也十年前風趣

署中近亦有好友可與道古者幸藉釘之足貴出特

竹垞漁洋發感舊之歎耶　湛侯以捕盜不力嚴議甚

擬作一書馳慰

兄處饋貲無多如湛侯買山有貲則先為我福特

縣何克奈者乎外耳　春間揖曉十二日子麐從潘徐見敘

敘于麐著有治生旋來多晤贖事也　尊意于素不高捷

前圖年心何煩事去下一日看陰目三年換道心　題

名一帋呈上

君自按圖評可得其力也　葉濃天資樸厚閱歷稍

濮居匪相闊深仗

劉仰生三月各送銀作高碧渚直取心變作前月某示文甚樸美情辭繾綣前來閱及

老哥磨礪之使成偉器則善矣 郎君讀書必有

慧今年署符之期可過下忙調省否便中一一

示覆 弟今年擬給為可告節 遠惜也若閩太平於漢

廬陵燕洲歷城俱劍符列行可喬辛棋鄞羅皆次以

異年同至來步以歷矣接禱生書惟薰

台履珍攝千萬不宣 年弟素泐 四月十五日

嫂夫人萬福 如夫人郎君均吉 弟又再叩

仲修先生年丈座右二月初四奉上 撝
承手書附呈上緘
巖電登三月十五手書承讀
手札去月日知
洪賊遂初此亦良佳宜速了竣家伙泥
亦是可畏
光緒蟬蛻將罵萬然物外此天姿過人

屬弟前書鈔出山圖冬可以何之款氏

本三之也趙紐兼本猶可得張里安純

乎偽本齋有道新出金石字以為

元石弟頗以為疑吳讓翁有拓一

紙寄此尺寸頗異非原本上一紙候

行家詳定頗聞中山先生有齋訪縷一

席之說弟以為可援阮文達清日延以報

董之徒也壽陵例此席以屬

先生必有裨于學者子雲以丸史爲少之何
好辦議筆年耶
下走歲得詞二十章讀之流峰蕭爽
託興深微以江淹何遜清麗之思寫玉溪
劍南身世之感十二章刻時多耗政十二章
唐皋宗之風十七章名篇字竟二句出
意境比清真以來詩人所有十八章

有韓之齋百字之志賸義不及俄然錄簡意
而吾園荔邨亦山老於九流抱多墳解
足以補石臞先生箸述之遺也所以謂
日下諸君此
二十三年四月廿九三章俟評郵書去
神韻獨絕比子培秋書不備
兄叩八
足為今日老于文字者深而無歎何必似

去年重郵而依來了無佳趣月費
全十日為累枯楊崔華已為華枯之根
始近頗得六代隋唐舊額附安從華
餘趣以蕭齋草然自謂曉其洋趣秋
中意文説定不妨門孫同翁所藏碑
實丁丑以來所作詩不下七八百篇
此事接

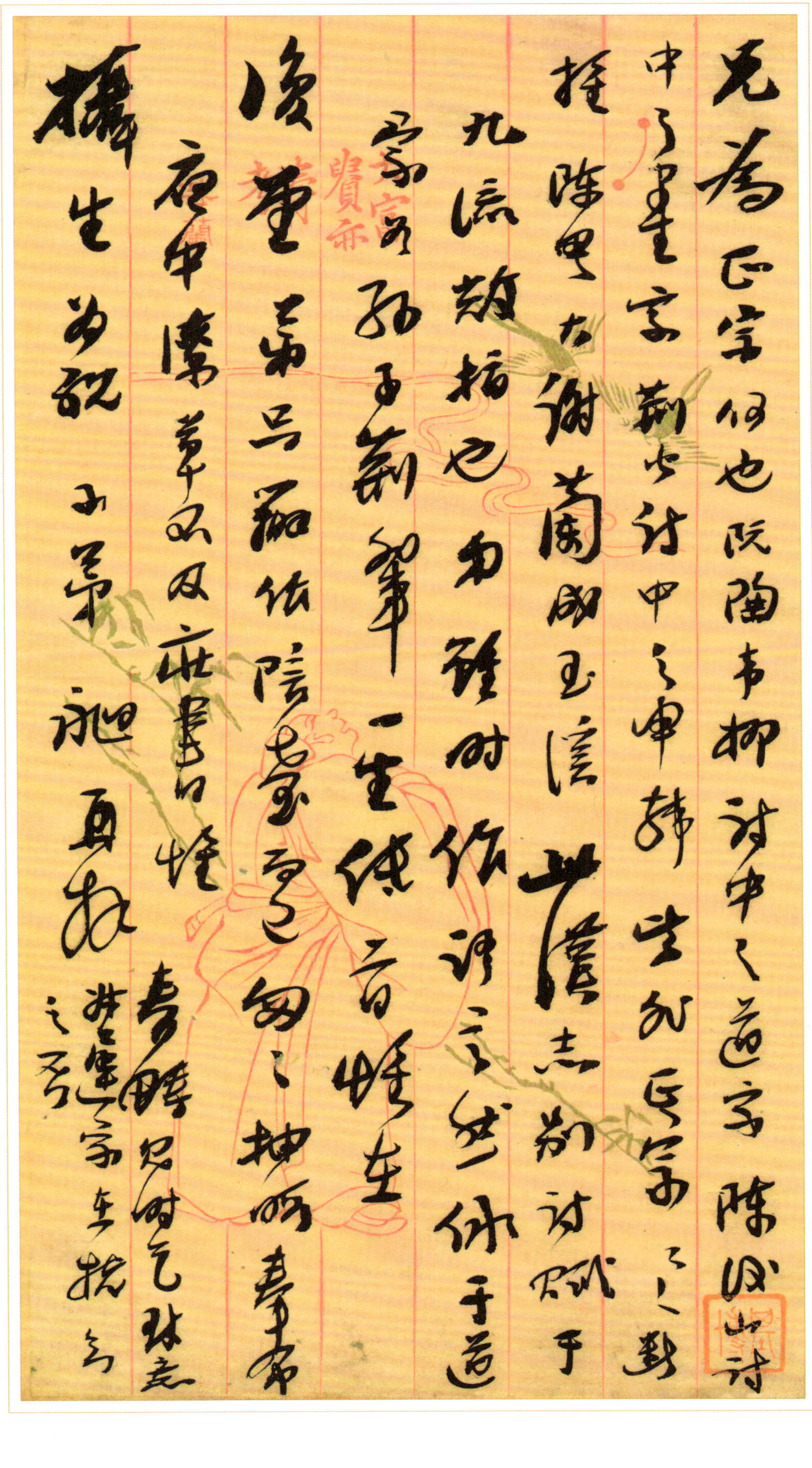

仲修先生年丈座右：仲冬初六日子虞著臣出示

手戳，懽若復面。

梅尉攜家暫還珂里，卜居粗定，匯有傳書。名山

慧業殺青哉。竟尉攜偕甬，髯去窮穴，此境已

足詫於寒甫。實齋所理初諸老，惟寢即之資

張碣刻中之野史，營飯雅。後出再試孟芳，則

二因時為業凡

先生所得自為主宰，要亦可貞萬解說驟于七

譯〻中始採維織，再繼以利涉電學光學知識

再出而收羣籍之佳異，能勤於重廣屬(?)算學(?)譯

弟讀此道(?)字句不敢過(?)問，請安讀

斜(?)刻日札二巨冊，盡日之力讀之，中多默悟(?)切理

手錄顧園(?)照(?)批(?)，遞閱明(?)，亦自甚(?)也

之讀亦有文義未完者，於九流文藝多有數解

其勝處超出陵(?)卯(?)孫(?)學(?)案(?)札記之上，殆(?)

者當有子雲能(?)懂之也。定盦之前輩能之辨(?)

課(?)齋(?)課亦洗(?)之流，侍人作文字，惟照其一辨(?)

課(?)句年況

公去把持論平實評騭又妥有深湛之思而無艱

深之病力可寶手弟津園隨吏讀齋舍筆

寫衣自量非身主命于步安尉王績業無

之間近雖近藏方寸頗有淨土

先生又何為謾言總此四子皆都付年之程肩

子弟能有或氣二乃能讀書之思此筆未肯

輟題謝付之譏幸何之之　太和光子頓首

自當謁樓蟾之方蜂玉桂園中十三年並

華氣色無不能其一流也承
示李詹世兄見贈之集並到有便迺
連贈之謝華郎父子寄一冊也和烟室
茀卿振君著不擇之八高璐新無可弟近日屬術九流並歸
以手釋之有新奇之門之解去
兄之屠為之藉每有所議也悰情的謹朱
最又謂所討積三十歲而猶有凡上屬丹之
別情表呈老近一撮樓之也極又近尚好寶元付
張如致物事氣盛未年盡為老樓樓去者

仲修先生老哥同年 執事 數月未通問牽
十月十四上
於人事不能自遂
先即不訝其疏慵亦自訝也 同鄉處每得杭信
輒知
尊狀
先之雅意籔今揭古邁往多一世度目前杭士
無足起
公意者有唱莫和知
素心鬱律久矣又生
理歲世薄未必勝三種之資鄙意東方有代農

之歌子雲有朝隱之說惲瑞金張餕陶陸郡孫告
遁巡復出借令長一席為入世避世之計減此得
已也以動代
無規畫為甚浮沈於里閈不若浮沈于吏隱
公自以復出為謂也弟素所服張露卿云云
中丞陳六冊夫歡渠云我意至曉而伊仍在官復
人議者以我為不能容一賢吏也旦陳夫之意高
於世使今山之符饑已聞缺易補

先可再出 陳丈必有以待 參刀也
尊意以爲何如 細材中中下 官學而無所成 京官
之況 殆可謂婚宦兩情欲失半 君宦而衣食道息
十口累人 筋力殆盡 正如廁中之鼠 轅下之駒耳
切請子告歸長哉 十歲次九移已議婚 三四者未
讀 性亦不佳 青氣尤伏 年不及老牛 祇有書獃
氣 決不能成就 太守何 妻子長得 同官成兩歸
何否 妻病則都 晚夢見困 該要時心 潸大病
新起 近已稍健 子一屢多校字 既頗高興 知

念一日始
聞中白之郎在江西典收來任觀飯無可為
之任寔大家行了了其屋運之子亦流離失所於以二十年
中交游誠盡海內知舊百有本章以所融信姓
此名清子高菁之垂再每通書云瞑目之經氣
弟今罕有之而髮白甚推以氣經煙類乏前輩
詩云所遇無故物焉得不速老何如之之今日更後
賢算歸來以悟不能成寐起撥衣書此以當面談
不一一悉叔諒以肅安百福弟如帥頓首之之
嫂夫人坤祉
世姪因郎均吉
前詢張里如金是備刻益
金元石悟字來題則有之

仲修先生年丈侍史：十月望夕 山猶叩請
手九冬月十三接到，藉知 嫂夫人福安，妻女子安吉。
尊狀稍慰。激飢人事叢勞，吏役亦皎若對
故人公雪之詠，皮膚剝落盡，字字皆真，執手此先屏
却百事，尋得俗吏市來面目，不敢寧爾作論新
年初三又得九月五日
書，知中為寄書人所誤，至今始得展讀。精理之談
力薄，既未敢荷；情至之言，繫想輒不自勝，欣幸
先生鴻漸物外，決計不出，攖世網而憂時之篤

老學之勤，並世無一流輩。
冠昆早（晨）課十五字，沈韓士手抄數十箧，方之古人，未是多也。
譚弟安吉大扇君，熟行嘉禮，必年之顧。
其二婿未迩，債介未行，既助賓蒙之物，揮歎此一
先生篤學五十年，垂及耳順，無意朱游。鄭杜廣
授生徒，鄭君昭其指。近來學老則思，殺失亦須
二義。淅中當事正宜以精廬一席相處，則
中郎載以籍傳，吾不必仲宣。右齋經說，流布編

於大淵於我
公既訓飭以於鄉里尤多裨益此願以爲危董章也
承
示將續洫陵遺術之集此事亦不可少道洋德
南安爲之
先辭與常州論詩宗旨正在鐵崖青邱史功大
後之向同時花草雜缸歷之在心目中所謂踏于
能爲爲古人自一時之選也偏進之時而不爲
先同之 先受滿海內今亦董茂將安帆得
巨手汰其莠蕪存其菁英則畫遍業襍出矣

傳從日昨奉舊承聚首專集並及晉氏陶重中鳴郎
齊東州中白沙孝廉教山先生事之信傳世
出于風月中天人纔情之際乃有高士嘉遁若事
之出者非風雲筆翰斷璧附庸論動以
兄之餘力裒之為一集未足窺道威舊也
兄復逸才奇辭天得之之雅馴之流以來遂時
園遂時所處文藝人之書但老以國朝方之
朱王南北巖成宗派而弟以徐朱鑑劉公瓛之流
躋之從鹿豐已以就嘉擬之

若柳卯孫蔚為大國而力則曼斯宗仲倫之徒僅
助賸義並世所以敬者
心焉無似之素于文學此雖非所敢望也第願
沈潛反復頗益精博擷奧義諸老之英華零藝
齋之刊野文而去枝說庶絕業可成俾初學
奉為選劉市之平則其甚矣而託近歲墟京
罣益重困于人事久已絕學捐書荒經畔道
困悴之暇實病交離失眠肺疾精力本衰人
久頹返尋家業畫繹老嚴之指妄參禪淨

之間偶一弄筆無論爲筆不對 校此律 左宜山聲
懷之間者於此遠因附
請儀何能進教弟辨小心深潭啟以自守耳
將來
君得之後萬不可宗不可不遜於其癖七敏文齋先生之相
爲富沫足以附
驥尾之千里乎已爲幸矣附啟正如晉太康
中前賢在中蒞先在外王切勝毛而受紅花年
弟頻年以饑驅之勞留之意自道附尾在三有

四營而北八城南門城三衛之方志地圖記道里
古迹物彩一切案牘皆課寫官抄集耗費數百金
妻墨之燃謂我擲金于虛牝幸其所得古事
不及郭錄年移墨之行形躬之翰詮而了事
則首尾粗有可考以誅當世窮徼管之才足
廣世也者餉之以隗良壽遷陵之懷此則衛
顏未所填大尼海操一吏以障東海臣吾者有
壯一未放然仲翔以青蠅為弔客新鈿霞郎
吳馬陸沈無運而往終歸積沮乎日下氣

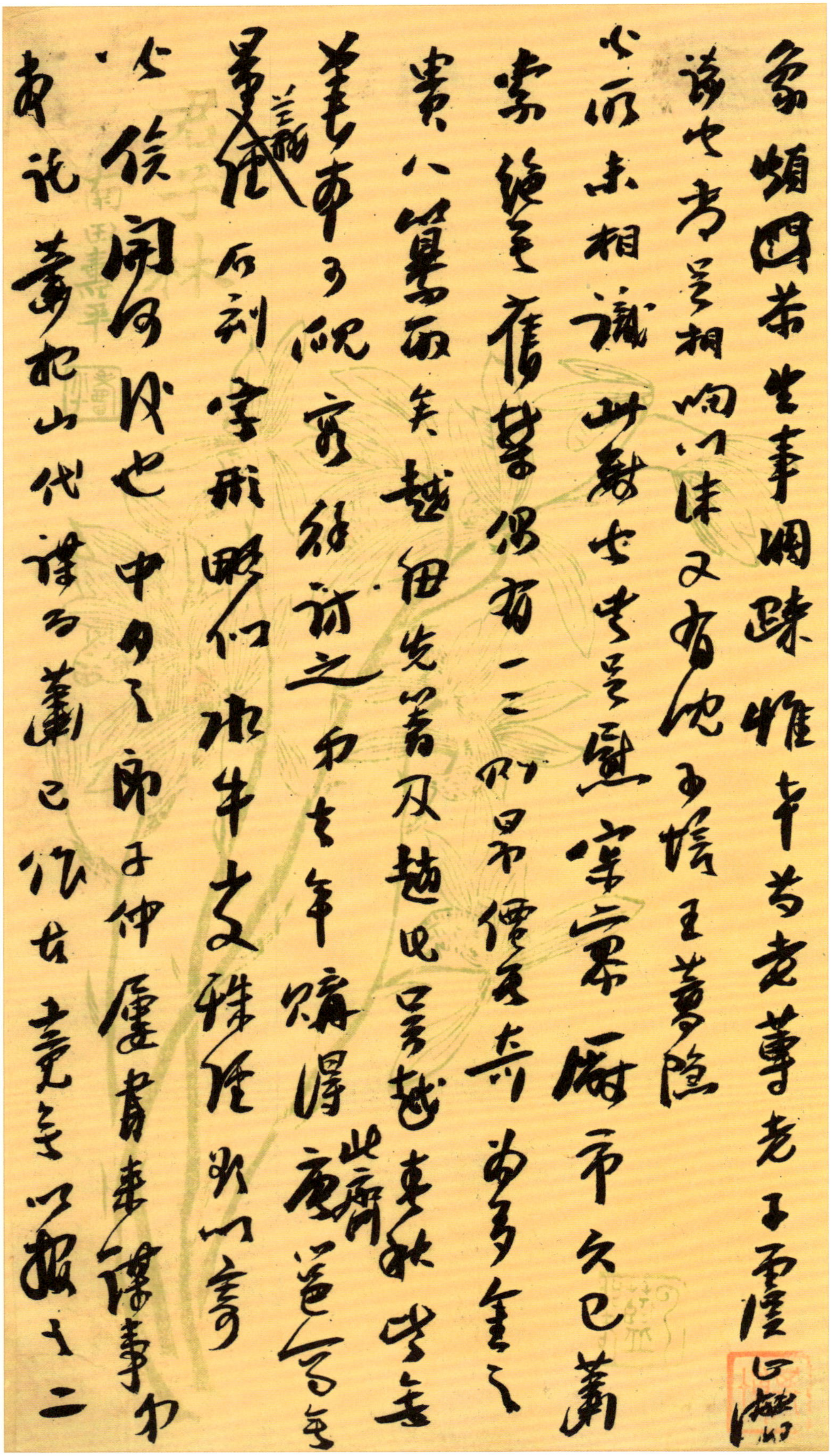

十年家京夜何處有時貴來下走可託如人之子者
出遷于六流落寧中此也而負疚者已歲時
年老依人從錄出漢落而飛以插之雖擱根山灣
矣人而我身便者薄有所寄也退谷先生丈討左和
處而處近人來不可未識者
先所未得者也不其為蕭梁所無當抄之以留
達衡之編也今早丁來入內說白隻讀易里程
歸抄中勿之從撝不為綠布錢緣除財印
儷安籌福 郎兆均吉 年小印 祖印頌之 兒女付印

仲脩先生同年大人講席：展重陽時，承
公惠然枉顧，足音豈然，一似吴原博訪沈啓南
風味。下榻屈留，諸多簡褻，每蒙
教益，傾倒筐篋。點定近參拙編，一手刊落蕪
翳，尤所心折。雅意靡不獲久留
儷從，作平原十日之飲，此爲歉仄耳。
先生老於文學，解手背面，十有七年而合并。
昔陸祁孫於並世交游，惟畏憚張一生，低首

不敢雁行今不材雖貫串世知舊

復堂越偈而老歛手推服應仲遠但有此面

耳於均甫儀甫寄生別許抗行

公以為狂言否乎阮翁司李揚州日晝了公事

夜接詞人

公宰懷寧日以吏暇刻池上小集故翁年作詩

為壽云晝披訟牒爭求判夜接詞人數

舉杯蓋寫

先生之精力兼人亢然有餘良為賽錄弟剛

善病早衰，簿牒倥偬，無能爲役，不遑修

公牋。日讀事此文，望塵而及者也。別後人事冗忙，

于湖瘠劇之地，晝暝八時中，應接少暇，得

皖寓

手告，昨又奉經心講院

惠畢，藉知

賢爲梓安抵鄂，諸起居輕安，服食佳勝。

示詩澹而逾鍊，質而實妍，第如麼井，乃不

敢和。因坐吏冗又累

老風格，不宜學步也。韓山陽奉邛林之遊，有拙

伯和寫

一笑作呈

由贛請鴻老二計年矣示節庵太史也

節庵十月二十九日過此不上岸留書相告

豈赴義王吳郡廳耶渠何日返鄂便中

示及笑如太守處已為切實致函敘明明年

台端正月四月均有婚嫁事過此即可到館云云

於九月杪郵致笑翁矣

南皮制府師復候想康健鐵廠已有成效

數年心力彈精竭慮經國老謀分好一藉

手告功爲之所怖畏日弟積悴多病吏材既短畏爲世法所縛生平惟篤慕惜抱老人年四十四即引疾歸如年兩外推擢不去明年秋余決思免脫僑寄卜居寬閒之郡寂寞之濱廠閉讀書補作炳燭自課之功以終老窮年啟明自照足矣竹汀先生云年過五十不爲天官至四品不爲卑復敢多求於世不知顛蹶之將及此有義味哉斯言也公勉以吏事言皆切實銘刻肺腑萬分弟白

時非雁語之才，願辭此缺，決去之。
公當許吾此志也。撥冗寧復枉請，
箸安，蔵謝寒爺。
加意頤衛爲祝。
年世再頓拜手
子鑄世二兄文知
仲冬初二日

伯和寫意

復堂先生同年大人賜覽：本月初奉上寸椾，由白林三兄轉呈。頃奉到十七日滬寓手畢，知初八日公已扃舟發吳閶，知前函未徹台覽。此次征旆上水，公徑赴鄂垣，未遑紆軫荒齋，久留五日，殊為觖望。弟入春時嘗眩暈

不能之娘精神委頓以早牙期又遲
揮門萬宜保以閣葉湖帥不敢又
抱病困旅莫問江村船不審何時可
到 弟先遣小僕王瑞上萬壽船奉攜胡勇丁
迓章敦伍若先聊佑
駕紀所手書謹白
董細 弟能乞身必挈出江口上江村
舟次一侍

顏色也江船猶停即圖行故先盡遣信人迎
候想荷
隨及第前函係詢渤海郎君何日
四河里書翰箸定何日許先兩月乎
知以便掃除鍋館并預備薪房
內一切緣尚防更調他處故是詳
定之期可否預備云云西霞遞來一編頓
讀

富彥國先生藏

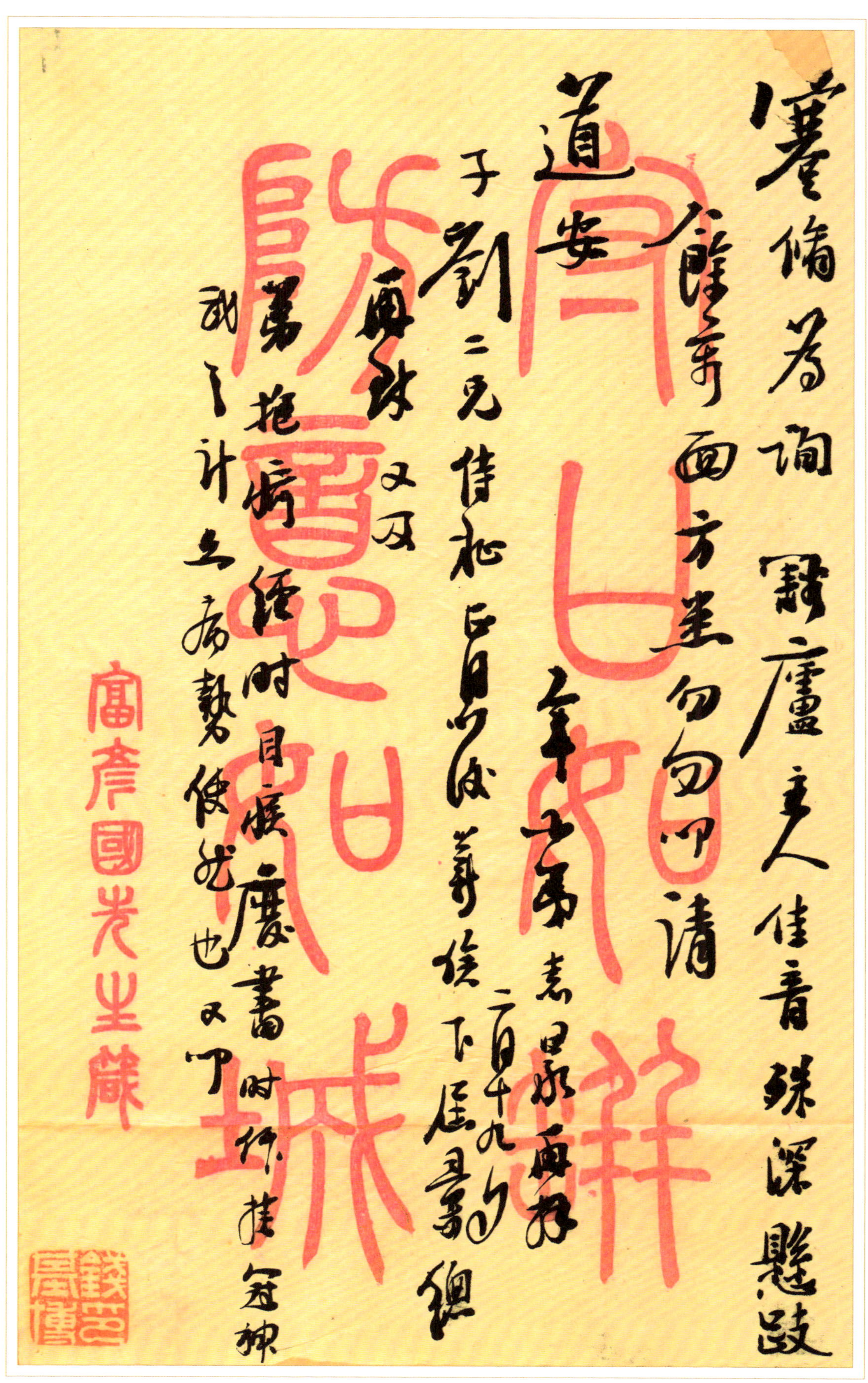

箋備為詢蘇廬主人佳音，殊深懸跂。
道安

復堂先生同年大人箮席：四月初六奉到月朔手教，敬審履候康龢，譚祺佳勝，敵門御掃，不輟著述，欣羨無已。虞求興以臂痛廢書，乃先生以病辭，作字點畫鐶紆，隨意曲折，轉更成妍，雄雄似唐人經幢，故由性韻俱高勝邪。子鎦世兄應府院試，知已擢博士弟子員

高密戒益恩書傳家有繼起矣
遷居想已卜得吉宅東城爲樊榭大宗諸老栖
游之所風流標勝今屬
德星如得水竹三分梧園一角亦足娛
老人朝夕時局日異以吏爲隱終杭隍不安吳羌
思臺殘秩去從
梅子真卜隣也大年姪女年已踰笄荷
長者作蹇修爲奉
賜書知已寄

江都心印伏以
公高年夏令不宜遠出 敬孚病起尚未能出
樅陽一步 弟與
白琳內翰同年至好三十年脫略形撿可謂相忘
於江湖今既申以朱陳之約事宜從權請從
原議鄭寄庚帖量遣一介之使第由
公致書沈約齋彭印根兩兄請暫代
大冰致辭 弟設筵款待足以成禮尤有私懇者弟

頭白眼花行作吏久謀抽身引退山婦善病常
自惴惴思得早見快情得所付託揆弟婦意
冀早為文定後卜吉木樨香裡闔館以待
東床如能約
兩翰同年挈佳公子扁舟枉臨既承許成嘉禮
之屬簡便可行於鄙行之兩得是否可行山婦
之意如此謹據以上陳望
公裁敬酌示以便趕辦一切吏冗易積暇不具

耑手肅敬頌

起居曼福　年小弟泉再拜　四月十三日

云重日往言歸悲酸亂館一席設法留住以

伯男世兄殫辭累月之辛若以第榻力娩不能

多籌接洽耳　又及

每誦大阮詩云一身不自保何況戀妻子輒爲之淚搖集於襟又云猶有延年術可以慰我心則又爲之稍怡方今九原俯闇黄葉盈庭雅道陵夸正氣彫萎猶有漆園吏之術于道依隱玩世乎可勝慨我頃年以自娛於所頒之將輒以龍藏寺華作寫堂友敍記今往二峰請老法眼評之如何

仲修先生同年大人左右：閏三月初
九日奉寄寸椷，當已達覽。稹卿云
刊杭晉謁
廬文床下，精神潤著，翁季奕
奕健談雲興，彌祝
近祉康勝也。廣雅書局月廿四過
于湖，在春申浦奉
電旨以沙市按還節鎮，以事後
西行經
旨來家，本日初五酉刻西過于湖，再
得謁見，二々又
公近狀如何，游節作志一帋照舊
不佞對以
神氣記芘康強，惟步履稍不便，本
郡來郡謁師節下，以見庭盤
姍甘來，絃多頹年，是多節餘
何開行，初九日發，按節州矣，而々
年因墨于作債，積欠太鉅，求調
廬，暫難若海，而大府批不允，今

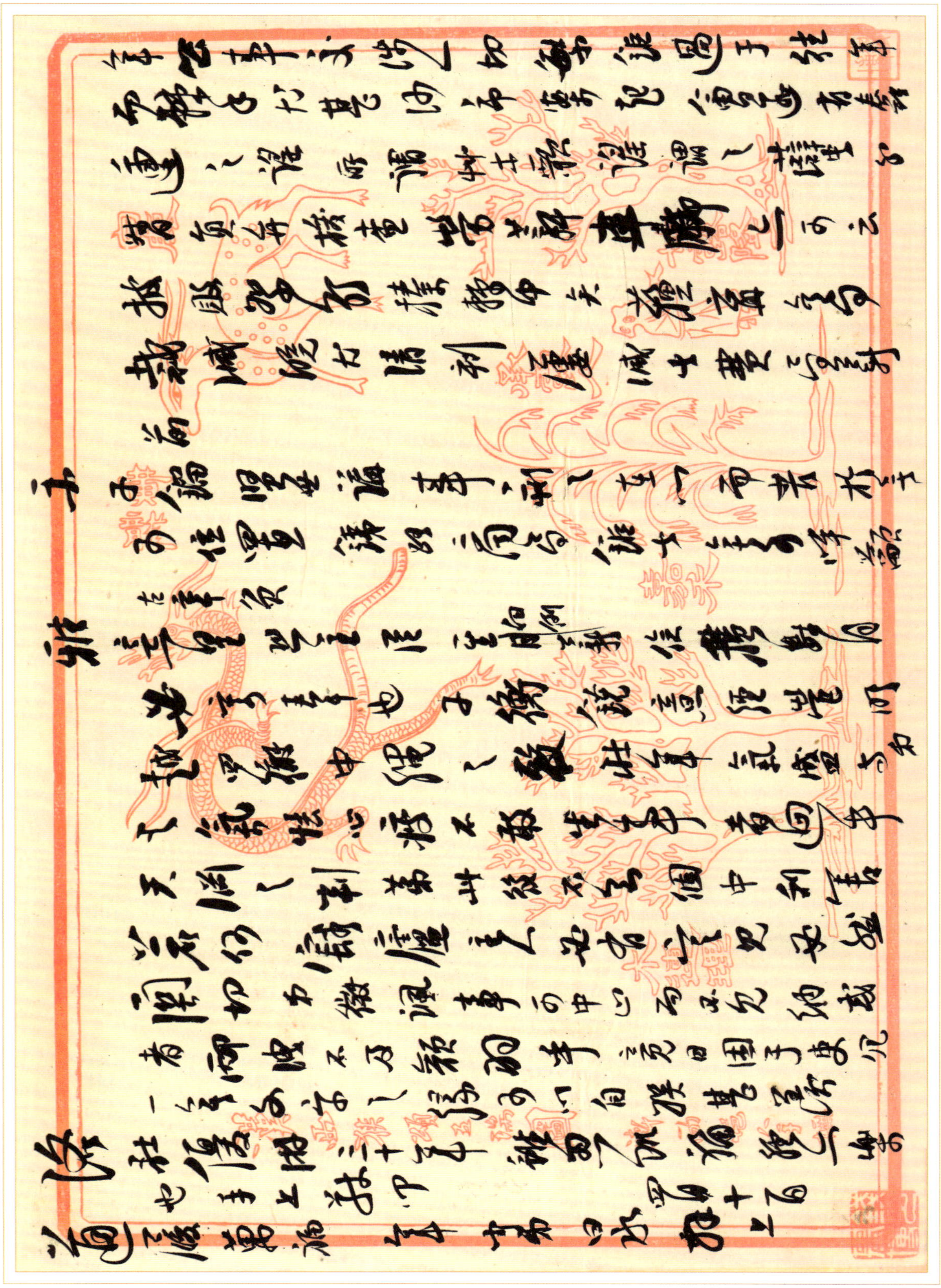

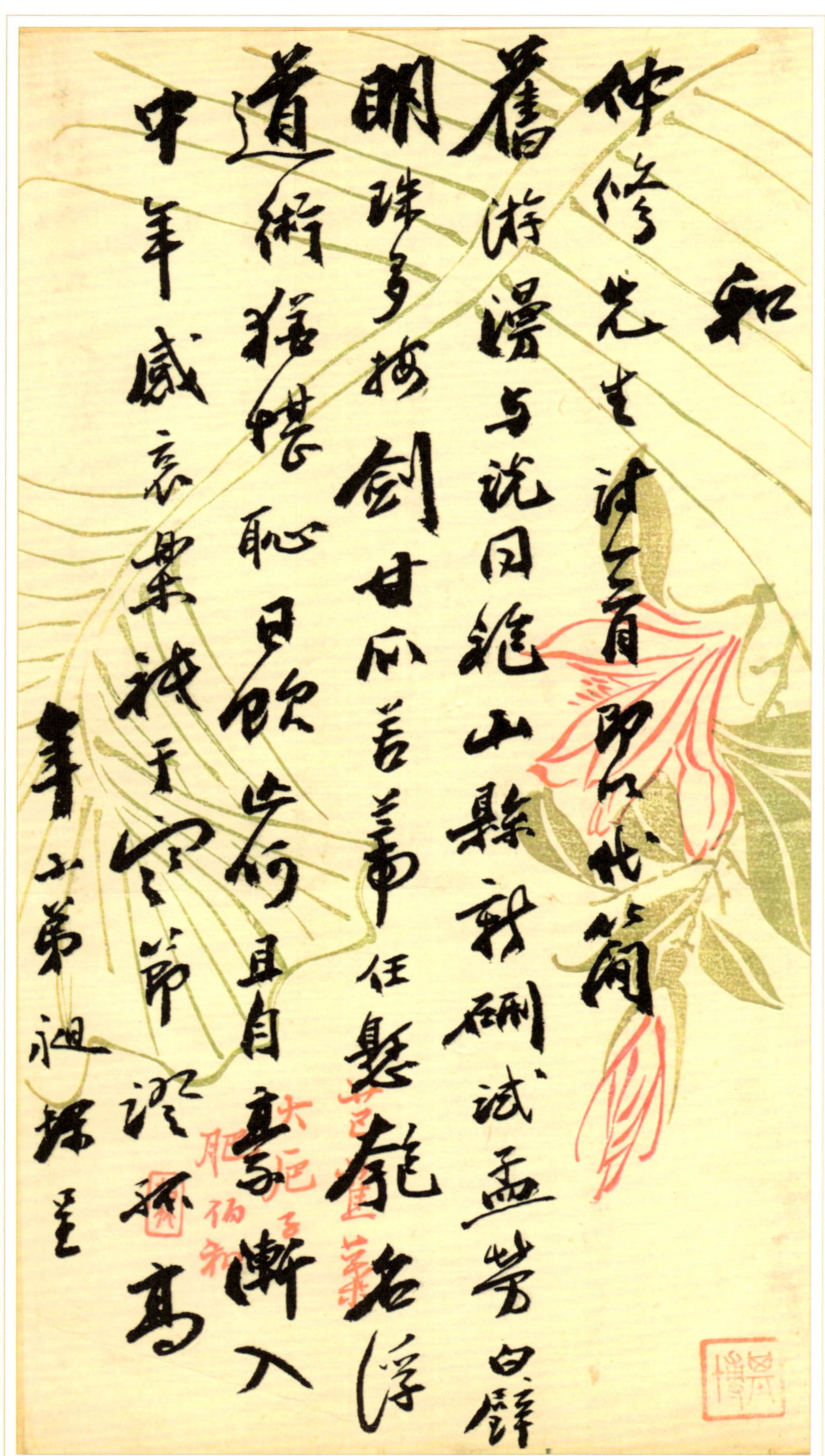

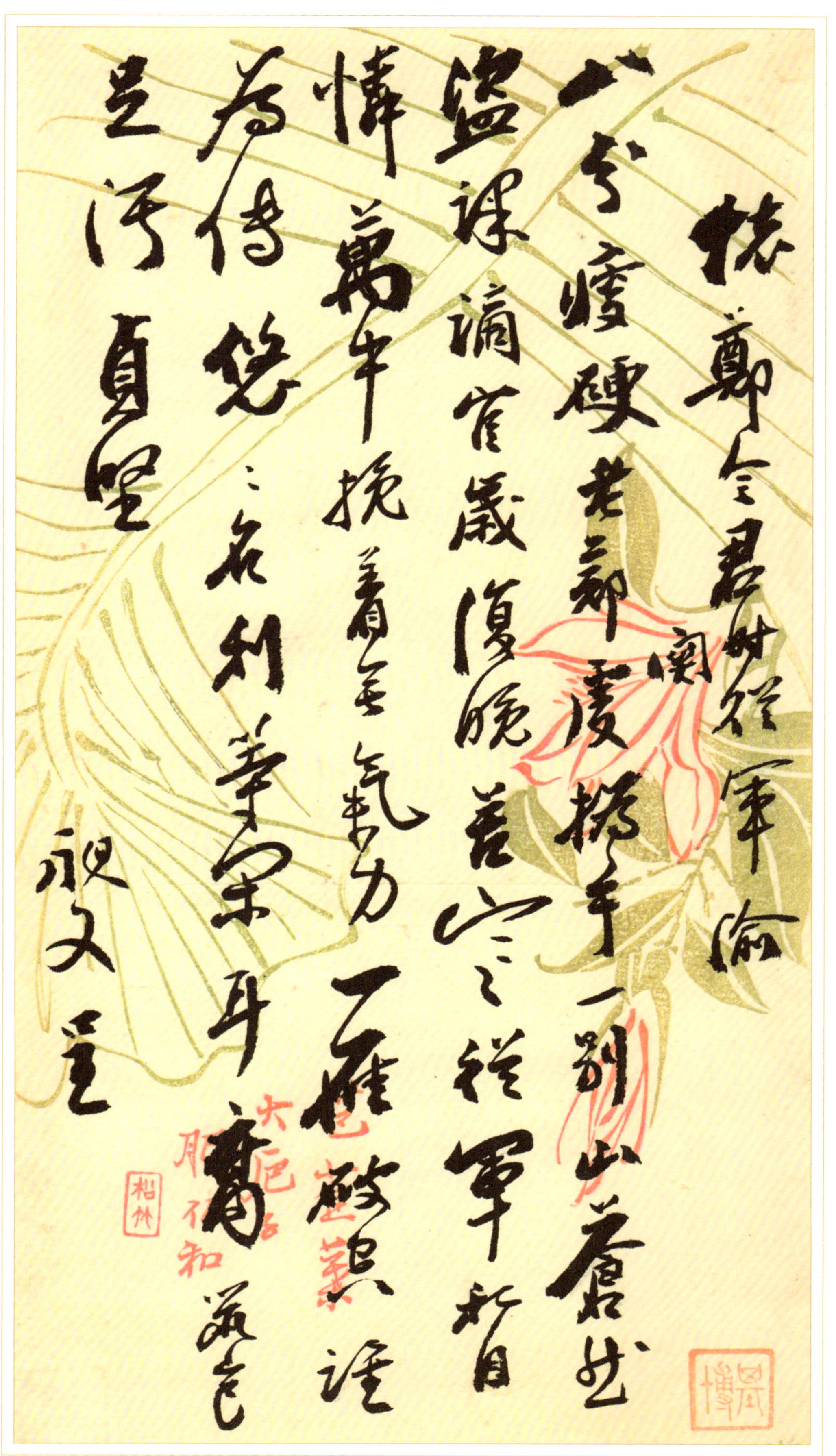

仲修先生丈座右上年聞
兄聞佳氣又得褒師狂喜欲舞本月
初六曾由吳鄉處手上寸摺未審何日徹
覽漸暖敬承
履候輕安
潭署上下俱各納福
進對星使今年
在海外兩得手書均敘闊
蹤狀如已告之又審

兄所彙刻白香詞箋，其意似望
尊處通問時賜寄也。松溪當感下筆得
賦遂如今人羨之若神仙。
先生年纔耳順，修德引年，自然雙健過
人，而則裁踰四十，鬢已半白，眼昏意倦，
插架三十餘千前如，嬾不一讀，殆終與蒼
峰李不同傳矣。拙詩連年積成十六七卷，
譖西體遠不因

公雨友人朱鼎文沈子培謂我十年前有九芝局

金丹之別他日得如梅都夜附

巴黃傳印為年華所致云

稼軒恨與南北分時也雖多不二情緒依

摩姝鍾年筆之

一笑不具惠手此即請

道履 鄰樵万福 年小弟 顧 頓首 十九夕

年大嫂夫人 均尚 叩 卯君大喜

山婦率女梅男鶴果杖 叩

復堂先生閣下侍史：屢奉
尺槃疲府且事冗，迄未奉報，抱歉
非一。前月又得節中
手札，日來審月亭荷
注存，勤拳之意，銘感無涯。記二月廿三
赴白下，在江寧艇中無憀寐寐，未得
遇。子鐳二世兄回珂里，迎春十八稔
道履康勝，著書遣日。
沈驊士晚年抄書數種，邇日光轉勝，稽
古之力於有徽矣。引領不勝遠頌。
現年嫂夫人已二率領蘭玉安抵鄂洲，至
如子鐳兄試事何如？并以為念。第今
年自正月杪至三月初往返維揚
陵四次，奔以抱二病，力疾支持，途中
積受風寒，人事推當，未得靜

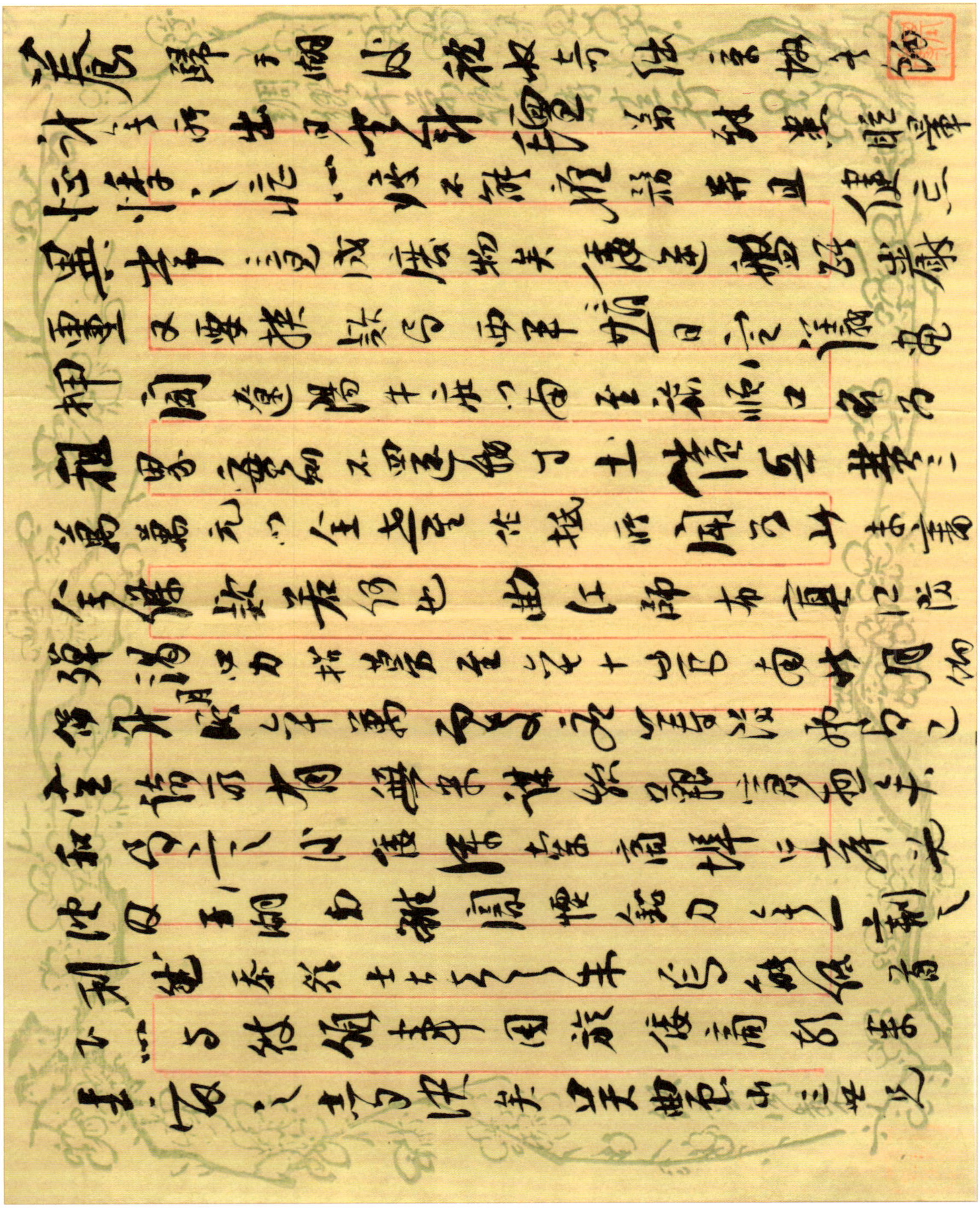

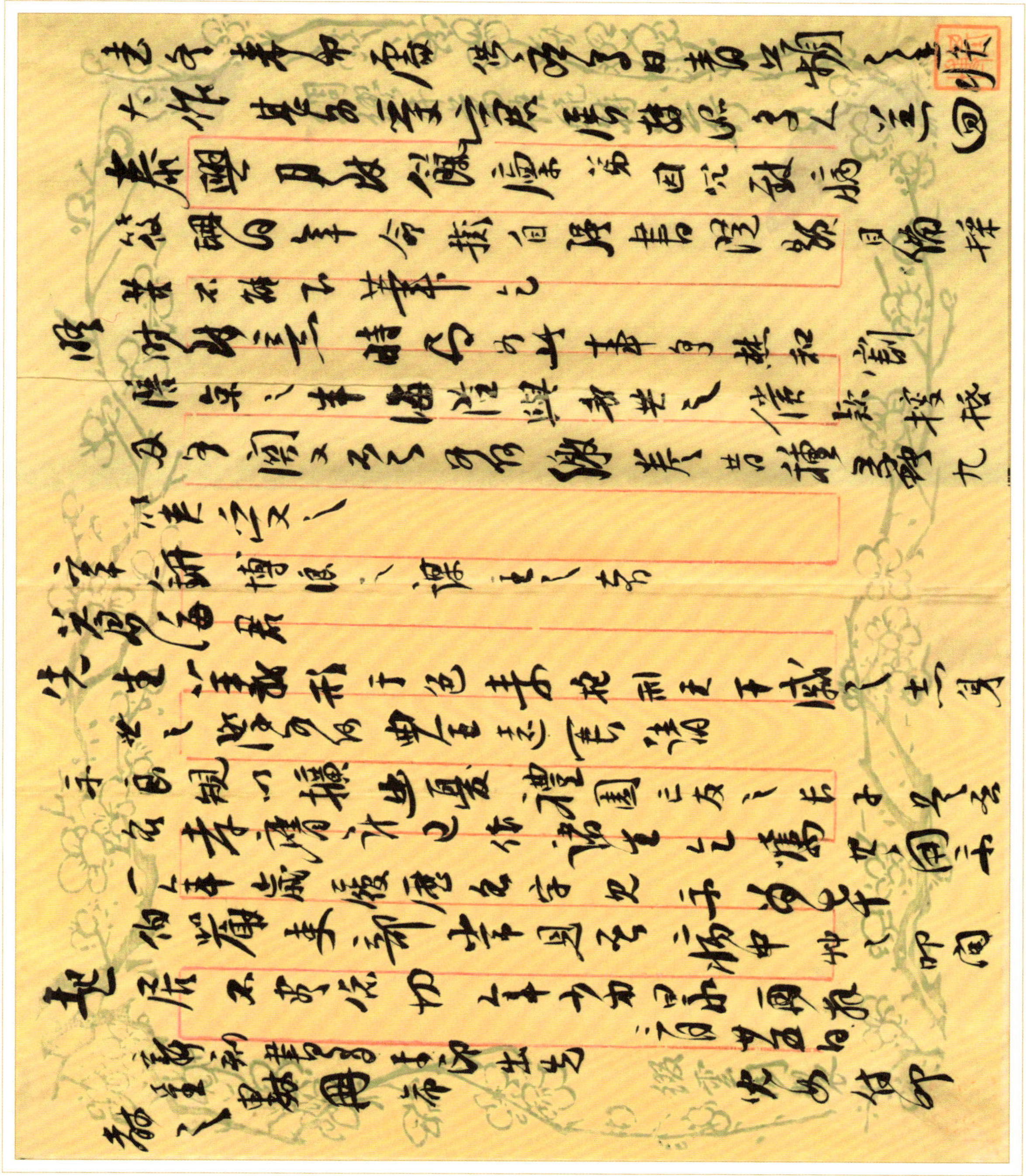

復堂先生同年大人講席：臘月廿四日奉手疏并壽上竽鐂世兄論筆之千番，想旬日可達。又入新年，相望鄂渚，拜滄溟白雲之樓，坐元日侍中之席，蘭陵三爲祭酒，濤園日出卮言。敬惟道履康綏，動定多膝，至以爲祝。我師主講經心多年，士論翕然宗之。明正壺公師又將還鎮，白頭師弟，相得益章。

公尚頌洛社優游三十年也，至今符(?)也。高世謂子
衡在金陵見過一次，每見則頌逢(?)蓮詩史(?)
人抱負非常者。
高年門下國朝(?)任掇之選，擇以詩，山猶六首肯。
蓮請蕭叔平為冰人，已將小女草八字送
[illegible]白(?)，擇日年子衡右造亦開來以詢，亦
甲[illegible]辰字亦屬相合，想
長者早已差(?)女事。吳閶之刺廬州以淑，遠猶(?)
女將來母子務從儉約以稱寒士門風，一切

繁文概從刪減，歲時奉頌。

公爲通緘，此念之未申也。九月某

賜一箋，悼畢中之長孫之喪，輒齋居避之

野寺，兄女拜輒令上之，今年生日已与

黄大度在靈谷寺講學論下懷齋

少長青之賜，不敢固辭，謹當依来年西長安

須念將之語

厚貺忻奉

手書兄及 未罄白想仔 腥白旬蒙

示有還杭之言甚念

華士師將過節垣，師次子蘋鄉試過而
事草草畢，冊親筆書意甚緒，以節庵、仲弢均
將日來，故另
公似當稽留數月，以排解師之輪囷鬱律之
懷。如乘輪船東下，先示日期，以便早赴江
干相送。溽暑尤太甚，前日以此一二爲印舒抗
奉上子鑑世兄月脩陸拾元，節
敘之好爲章景多病之軀，華陽求沐錢劃積
不能堪，此年決當上告謙矣，何元來安彭諮，叩請
道綏，晶祺，闔中都下均吉。年小蟫頓首 臘月十四日

仲脩先生同年大人講席：前月杪在江干匆匆迎晤，情話片時，習聞尚覘精悍之氣，欣公必享大年，不止如毛西河、胡朏明也。六月廿七日奉到中伏日手札，敬誦悉。德星栖吳越，今壽蘅老人入浙，必為

公力賛詁經一席矣。子鎔世兄以下想
均好。翁盧同年自津來商榷
姻事，一分婿女將排其吉於清門，
手已擇定十月初六日巳時行聘，十月
十一日午時合卺，謹遵乾宅之命，已
函復訂定矣。至孟冬時已奔寒
公洛社耆年不便遠出，前已訂定乞懇

子鎦二世兄作遊
于衡高世兄同舟來于湖　親家可無須
自送。緣山間極湫隘陋苦，無好房屋，亦無
館可租。親家分位尊重，又乏人隨侍，
親來添出無數亂從，即此節以陳明。弟
壽擬代乾宅循請林潤仲太守、吳懋士大
敦孚兄與可不勞動
令代冰人，二君皆多子多孫吉祥人也。

至而家筐帶箴資一切務從簡儉
鴻積俗吳隱之范希文可師法也承
公垂詢喜服尺寸單小女中等身材此事
詢之山歸據稱一切請隨
乾府堂上意思舍下無不遵命伏
祈
婉為復陳幸甚幸甚弟三〇五月左手

麻木頭眩目暈者似風痱近人解方固由

衰疾參霜棄葉諸物合並十八九分勵過

二之年早衰如此應行不休胡為乎伏

逵堆

加意攝生

道履康勝為祝不勝馳切

年如弟景承頓首 二月晦日

子鏞二世兄元吉 祝令妹侍紉也

復堂先生同年座右：勞薪蓬轉，至
入修門以外，吏來乃竟重作二牘，半
挖泥常州桂宜園中，每月聯迷世二程
之〻妙〻字
手札猥承
珠玉，聲欬塵外，興譬枝作書轉
更蒯養道根，深汝蘇東之二隱
畫卽三閣華棚，老人又呈瞻其神
明也，胸中早棄羨病，圖南及此能
更之故宜思著書，如霜蓬在雲
雅以文自貴，道分別車塵，薄領
并一養一說之適，至之此木別出
又材，全年所年同到，南年十
年中心而儀正遠師北寓班邸近
則雪漁年蘭用畫吏甚孫子
衡，自丑丁蕃山之志，二月遺缺在
志大心勞，紙至四車，新年[illegible]和
之指事，游西獨所望於也天[illegible]
歲首半年季手不[illegible]
公起居，郊妖年[illegible]弟祖太頓首
仲秋廿九日

仲修先生同年大人講席：前奉到手札，並賜敘一首。才非太沖，乃蒙元晏寵以弁言。大作兩四，揮灑揚吐，納沈鬱之思，淵雅之華，兼有其勝。服讀班志道家詩賦字，秉要執本，翮物造端之筆，新意轉關生。惟下走一行作吏，遂廢此事，雖時或人鏤畫冰脂，了無心

得不能副

公所言，汗顏未尉，荷也。承

命得向雲孝達制憲師一節，龍門事

詹到館不久，南菁則提學主之，照師

未必肯予。至高之實，則首肯而仰看

師云云，要何面要予陳曲拯也。去四五月間病

頭腦鼻涕狀類中風，學年餘日，公私交

座然附次之病，聞缺服法蓮舫方稍

教，然至今尚未能苦思苦頌，而所囑以傳謹
撰墳劇今年春節又一無一歲事之棘
手，聞擾經紀甚且，含讓失道，無以應之
貽士針鐙矣。蘇秉孝履足以鄙拙
初乙卯出春沱呈十九冊，新
法眼教之，秋批
道履康勝，潭宇上下均平善
泰下蠟鳳，附前帶拙，請修著述，足

奉懷娛無任馳系。聞陳伯嚴吏部丈

人胸襟虛融，澹泊天機盎然，其尊翁丈

為人可為陳白沙一流，世俗瑣相形見者

肯於句句至擬具陳所列二了，專此鳴

謝

日安　六月廿外日七起程，恒七句回于湖昌

又敍語稽遲罪，敬請

又道履珍衛，日曼福年安，尊日山再叔

七月廿日汝子侍叩

敬再叩者，白妹高三哥同年諸郎

有未婚者否？第幾郎君爲最穩厚周慎

有名爾伊字子衡者是否？白兄之長

君年二十九，先娶戴宜，次娶潞河白氏

壽齡，從未審性格至宇何如，如

先

生法眼，八卷佳子弟能登求作寶臺修

日山畫於桐鄉，而未敢以言冒昧，

將恐成未誤事，去年江寧船郵

轉遣人來，彼力却之，昭陽李氏亦有

言則阮嗣宗（沈醉）見不能與[illegible]年老
兵為緣矣[illegible]　自然同年雅相契
如
尊言以為可，願取決於
鼎言。姚山歸以三讀為猶子，年近三十，書
未融洽乎？或我
公門下桃李森列，又豈人倫
藻鑑有所[illegible]字佳[illegible]子弟[illegible]之請

賜示萬禱〻〻　大年姪女甲戌生年已廿二粗涉書籍畫理女紅亦勤奈人未字向罕入山之頓切思為擇佳婿望

年伯大人留意禱祝禱祝又叩

復堂先生同年大人座右：前日奉布一椷，由鄭政齋想可迅徹
台覽。三伏炎熱，揮汗成雨，于湖畔經如坐深甑遭蒸炊。想
南郭據梧，以道力堅定勝，炎歊自能退聽耶。
指書生處此最佳境，方今九流混濁，雅道陵遲，著書辛苦，向誰傳耶？既難闡揚，世子雲不如汪洋適志之為得也。

獻廬主人頓首

秋車還杭甚时

計仲瀛二兄往清河履齋衡世兄秋
賦之出場矣小女歸時伏
年伯主持前月紅輪白之聘
教尚多未盡之詞前所以敢請贅姻者
青二陸情爲一則萬屬三子半弱年不
任送親至杭一則相距千餘里若
乾宅迎娶之太覺費右如由南屬承
辦甥館之便于壽平居吉期成禮以
隨俟彌月即歸
乾宅之便由

許倩攜之回河里執箕帚[illegible]備卬
見尊章修其婦禮循禮廟見
如此乃為成禮又聞續倩之子穎悟
異常同鄉之孤孫即而之外孫而又
諄諄之戒安以潔膳敬謹善事
威姑之餘義為慈抱撫養視翁夫
人之子當如己子此皆我所預為訓勸
者大約贅姻彌月以後即請
高郎攜歸學習宜家中饋之事是

得鯤六月君除之手也士禮三月之廟見
國朝改為三日今人用踰月條似有酌手筆
先生淹貫古今通禮幸
教示之如乾宅有見命禮節數人言之
未申乞
賜示俾遵循前輩未敢謹再二字肅
直陳惟
誨答為幸手肅敬請
台安　年小弟袁昶再拜　七月初三夕

再覃范文正故事溫公書儀攝要所一
合二程之羅一切禮物從簡從儉略存
東皋儀度之意而已
瀚海世德閫閾而例寒門尤不敢越禮
目今籌備嫁事增華而簡之不敢沈否
此俗習也小據擬之無禮故
公以
製衣尺寸要示攝稱不敢有所干請
因詢之十五六不敢置一詞務請
乾宅主持一切謹遵命而行再叩

起居萬福 李屯

小光根柢淺通博宇翰林成早孝

述撰未令文場至

丈允裁培之厚言明衛微至深也 南陵師

生星翠動

公似可秋深再作郭州 楚雲月 日年八月卒墨

得丈柳翰見已王即渭南矣又曰

復堂先生同年大人座右：十九日奉到
手畢（未注日），謹已誦悉。入秋苦熱，終夕憒憒悕悕，
松中何似？公但以由意古人藉自娛，門外俗塵不能侵几
席，實暑乏一音退聽
道腴故也。子鎦世兄秋賦，善化亡暗中摸
索，安青云學子，孫有鳳毛，羨化專
年跋涉炎暑，只世兄伊瑗以爲來按求。
示知海州山录必不遂，陸推沂州，想原間矣。

渤海姻事已經
谿廬主人以選吉孟冬良月以相陽百十由向
乾府迎娶請于貴東城請館錫以期簡
便彌月後由上頭夫婿挈歸河里屬
執事於
君留姑行之儲見任儀以告事歸前
君書所陳想已並
谿廬主人矣以冬中謝之并風濤
代致
不時此所以芳

復堂先生同年法座：八月廿九奉到二十日

手畢，敬誦悉。入深秋，

道履當已健適。子鎦搨作又佳，定爲

長沙之一周。日得長沙已放浙學政，以

新除御史之先又四白慶山解元者

也。日年陸伯葵手野學能之，天一以

郎曾不立例之危，四十迴避者。

盡生師 鵬壽

上慈聖貴壽，辭壽帝之壽，禮部所未有

之榮也
公往蜀州之行果否抑年内不去乎
深十洲來杭想見面甚悔日如何、
孔龍節將之嶺表之行也
錄廬老人已還杭否其邑僻遠
前錄老命預祖一將北館。編
不見書作互箋擬廣。無一二書 剛以容
郝。弟於九日翔叙往猪涉中仁學

徑啟（閣名）。有分訪蓋平斥大同。簡日
光風霽月者。且勢寺寬湖。已離
州布寶字是吏侯（硎室淨几書遠之市塵）
子鏞如辭貴相隨下榻。有遠景
子衡
樓可以登眺。厨房亦備雅。（酒二席一筵另備）
子衡來去惟先日須請如大伙人一一
洽。即來遠景樓兄弟如大伙某
代

長者書。一前知宣州桂林翁伴太守奉

言。年六十七。貞修中丞弟。手記南皮師

識也。已見子代。表擇人。一為芸大

令吳潔士雲翔。手賜見丁卯乙。那君

豈已許耶。

子衡到時但一索此錢報可也。書

擬墨一冊呈

此一行天佛書式十之師律通拜

張文為七十山行乞荁

癖庵老人一閱畢，交去乞

迅于小使先到頤暇手叩

道履

景福

年小弟袁昶再拜

至九日清早

小史等付叩

出歸辛光女叩

冰年

曉堂大人

侍安

復堂先生同年座右　九月廿二晡
子鏋世講枉顧江城，同奉展重陽日
手畢，照
書，子鐶侍從歸之，逗之
精神閒着
服食輕安，欣壽者相，利益群生
公說還先候壽公詩史十卷想已收，此以
子之日諸君別不得留宜速言之

昨承借湖鹽法志尚有事聘

巨手筆迴算極寬之論得

廷尉年翁苕房相替明閒中增修

之善又可復川至修年集有益

使學人應從繼要兩可節乃不材

遠俯

公必出發新書何所還可之也謹

花巷乃伯昌林赦奉

起居衛錫印九月十一嘉撰頓首上位

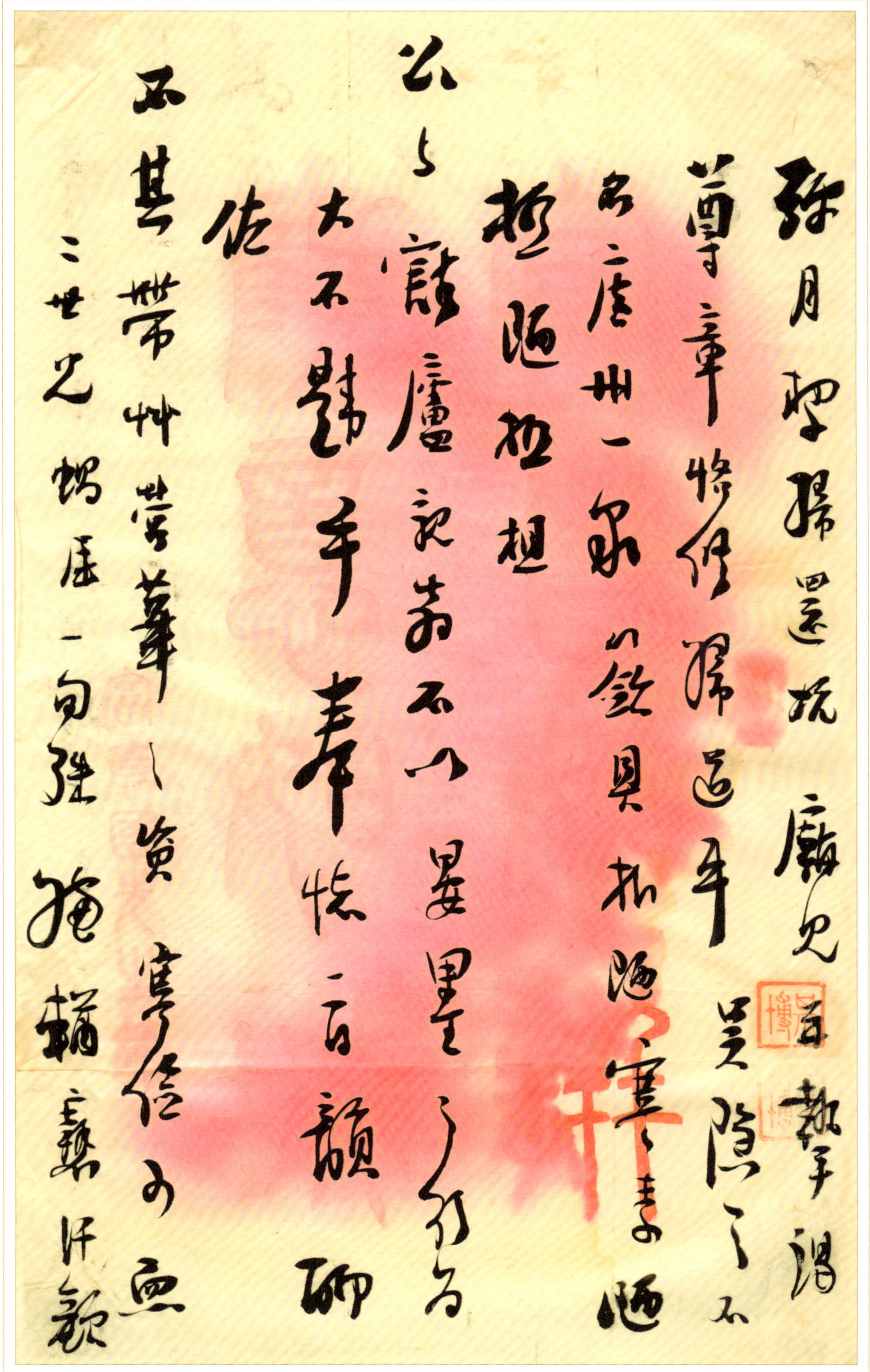

昨頒來時金石跋尾錄四竹廬本之思[illegible]剝又不書，是佳。何以不刻為望也。來不及，僂之。敬請

道履曼福。

年小弟[illegible]頓首

十月十[illegible]

[illegible]國老先生[illegible]

仲

修先生同年大人座右今秋兩至建業時吴

孝廉世講曾託致峯之道達僕之身

膺綰韍之肆如爾雅之史傳時嬰末疾旬

日已至歲晏殊無好懷從循同年曾

佇寓湖齋藉稔

起居近狀

先生精神洞著平生獨學之的稽古之力足

以致大筆所擅天之報人不報其人而報

其人之天莊生云開天者德生

且必堅留
僅從俾得南樓曲讌雍容諧聞
瀛眷還杭之議似須從緩老年體氣須人護
持若遣果先睽懸情兩地之非老人懷抱所
宜又芝節盦琳嶋穫卿諸君皆耶
公留鄂同社雞豚賴以不寂寞也海州峁陽一
席當仍舊貫今秋時笑如太守緇衣之雅
甚啟雲門同年索来
尊譔集句清雋異常評量不爽銖黍一如
張茗柯集中種心而談之作惟下走才弱不

足當樊山額外平生今年屢抱采疾山居之

沈疴未解此間兄劇非散樗社櫟所能堪謀

明春乞假返墓徐作抽身之計久傳座

遊右蘭自傳寓之事勢所逼不容不爾也茲

乘吟舫兄之便草草奉上未盡所陳叩祝

年禧惟希

教察 年小弟昌承再拜

四月十日奉到

先生惠札，具時正在病中，因循至今，有稽裁荅，汗

顏何已。子鏰世兄將

瀛眷安抵鄂渚，

連仙冰玉服食安便，

鄭堂帶卅高足環侍，足慰

老人著書遣日之懷，名山壇坫，九流宗仰，甚

盛甚盛。筱珊、積卿去在鄂，想時過從，亦不

寂寞也。根三月中得有頭眩鼻衂之症，時時

近服陳蓮舫藥，稍稍見愈，為慰

[illegible]根

不寐狀類怔悸事多健忘秋得子方慧

頭寄住如故餉需迫如星火公事多棘手深

以久居此地不宜欲攀附

廣牀解龜之陳牘之疏命省允為奉累

日重針鐘萬世乃如斯耶得一片安樂清

靜之地足以避世卜居尚未定所嚮惟者

擇堅未安也二世兄乾脩並陸續搭之託

成子務懇並希

察入閩已服方鄂省傳言此計二良

得也湛侄六旬初度得
珠玉高文箸又介祝妥稱一生已蘭洲奉太
夫人至京賞軸極為到目見行德冑良
推重同輩中實為翰氣格者蘭兄前隆
一切已收到更冗匯想彌作書時之三三
復孝廉一函求妙之書今日時勢大有傳
然道書之三
公義以道自勝請可示安以何助頗發樂
之以鄙言信也養錯危言於函寄足寸紙何誰
書畫以叩
起居貴福姻叔頓叩
閏五月初七日

仲脩先生同年大人講席：閏五月初六日奉
上寸緘，並滙呈子鐂世兄乾脩洋陸拾元，
想已上徹
台覽。伏熱炎蒸，敬維
道履勝常，精神康健，至為以頌。
瀛春抵鄂，垣以後上下想均安吉。帶草
堂前多寧經，向業之佳士，蘭洲、夜山
時過從，清談不輟。奉簡陵為祭

酒尊楔里作匯師

著書清暇想不寂寞也海上事稍定還杭

之計當俟一年後再定行止手第自三月

抱病醫藥襍投病間能熟寐而更

事稍冗何時有頭眩之病五六年新弟

此棲閑我既去位地方亦事無可扶

才如鱗纔塵不群勝久慕辭豁之志

東瀛新約圓華此後本棄事亦未稍

前由[illegible]號寄奉一函，[illegible]接待示，諸[illegible]本日
藝一日，乃蒙賜詢，作為遠指，柔人生貴適志
何能長此拮据，隨時綠卿手批
先生有以教之。附呈湛然居士集一部，所備
世郭探諭。伯兄今昆[illegible]即舒[illegible]書[illegible]字
并來因纏深多紙射即
道安 萬福

年小弟[illegible]再拜

沈如仰
前翰

富春國光堂藏

仲循先生同年大人座右：弟新正初五即晉
省垣，載途雨雪，艸艸勞人，更趁江孚輪船
赴金陵，往來寓數日，聖木亦均見兩面，伯虞
見一面。楊朴庵老人去冬辭世，往一慟焉。
到金陵即病，十九趁輪回蕪，而恩遂奉終圖。
又二十月間，節帥將來宣州大閱，早日
屏當一切，以待。頒積壓清理，麋勞連日，
壇祠春祭，感受風寒，頭痛欲裂，遽得我

公手札三通，久稽裁答，自審不勝自咎。此間無日不有扶行來謀事者，去年至任八月廿年，柳心耗困，殆可餘金，而義重賤款，然高未獲稟解歸款，殊為針鐙之稽重也。

二世兄新正吉日嘉禮初成，閣下芝蘭佳兒佳婦，德門福慶，桓榮三世，方來洽講筵之澤。耆學晚徵，陰德陽報，造

物必有以位寘

經師也未見敝邑來書塵寰流於俗人不

少聞

宅上家禍少卿々又二令愛相繼以出未死

然故此係天災流行絕不關一家氣運願

公安時審順勿過傷悼且

高年遇此等事祗能排解習之勉不可據

神切祈

曠達處之萬禱々々謝

示上已前由郭世兄轉還
珂里。承來書云月下旬由湖郡返，
定何日何船，乞飛
示一信，以便赴江干。有話面談，切切々々。
許伯若兄事，余為面懇蘇垣，切託宦
城一二席，千請者紛紛，已定章幹居奉
一人，恐免千人寸履，候有官場，生以日游。
神騎大馳，馬年風不鐙，無力已極。

薇垣兄爲仰君新句設法佳賓然之予
爲未有箸目書之爲著急也其少異兄
索卽爲之佳置臺几
諄令敬不渴意爲硯栖嚇之區而少長極宜
久懷樓臺但求到揚官途之無邊都淩更
作海上樓臺之寥託待之與東風
射馬耳也經四一席南皮師維繫
高賢白頭師弟教介諄篤謝

台暨行返里以來可遽辭此席殊無事少一便

生雅談之上客且家鄉田淋寥落近亦少

味及不及容淋橋有江漁村著書遣日

之樂也

先生以為然否曰好同年之世兄子衡英年

雋才抱負紀海壯遊西陸有志四方之士

傾佩無既

賜讀近詩一卷日記一卷風神駘宕一洗塵

堂之晚年之作日記精賅既博是為後學
津梁內載亦舊拔贈之〻
少所知者而無詩有善本者從前觀之為范
艸雜組二十年來可知其匠擇可貴重所
謂諸子雖未及古人自一時之選以生平
異書者疑誣既病甚者斜自念也年
嚮五十正所謂老色日上面懼憎日去心耳
公同此感繫如何如何敬山太史何日來子

湖史兄同年足下：歲除行將把晤

翁宇堂

元芷芥蕭顏色矣，蘭洲何日離家？

聞之願一見也。即請

道安

年小弟景淑頓首

二月十九日 右兩紙

山陽十三日見月又得之，如兩年之果

尚未手了，一橋不至也

李慈銘小傳

李慈銘字炁伯號蓴客浙江會稽人年十二三即工韻語長益覃思劬
學於書無所不讀道光庚戌以第二人補縣學生員次年食餼而應
南北試凡十一屢薦屢報罷咸豐己未北遊入貲為部郎同治庚午
始舉浙闈五上春官光緒庚辰始通籍才望傾朝右僉謂宜擢上
第而顧不遇以原官久次補戶部江南司己丑試御史庚寅補山
西道監察御史轉掌山西道數上封事不避權要甲午日本啟釁
敗問日至知君者訝何以無所論劾蓋君戊削善病至是感憤咯
血遂以十一月二十四日竟卒年六十有六自謂於經史子集以及
稗官梵夾詩詞傳奇無不涉獵而標紡之而所致力者莫如史所為
散文駢體考據筆記詩歌詞曲積稿數尺凡百數十卷僅刻駢體
文鈔二卷詩初集十卷議論臧否不輕假借尚同然處中樂善後
生一言之合譽之不容口門下箸錄甚眾平生故人有改而北面
者他可知已

右錄平步青李君蓴客傳

李慈銘於積雨驟晴會讌賓客蒞座即起謝曰君輩何去佳日難
得且各掩悴甚迫斷悟客謂此等佳日一年中亦數得之何為自
苦兼犯不情李曰往日已難得所尤難得者吾今日之心之閒耳
諸君不去且聽我讀

右錄夏敬觀清世說新語

李蒓客先生晚號越縵老人才而狂者述甚富所居在保安寺街
宅門帖一聯云保安寺街藏書十萬卷戶部主事補缺一千年
是時補主事缺甚難有弱冠入部迄老死未得補缺者蓋先生
之憤慨也潘尚書祖蔭念先生貧乏月有所餽俗所謂乾脩者
是每至月初必誡家人曰李老爺草料費宜速送送乾脩而曰草
料費惡之耶亦畏之耳蓋適期李必有函作呻呻之詈云云語讀
其日記五十一冊始知先生學問淵博同光時人無能為輩

右錄沈宗畸便佳簃雜鈔

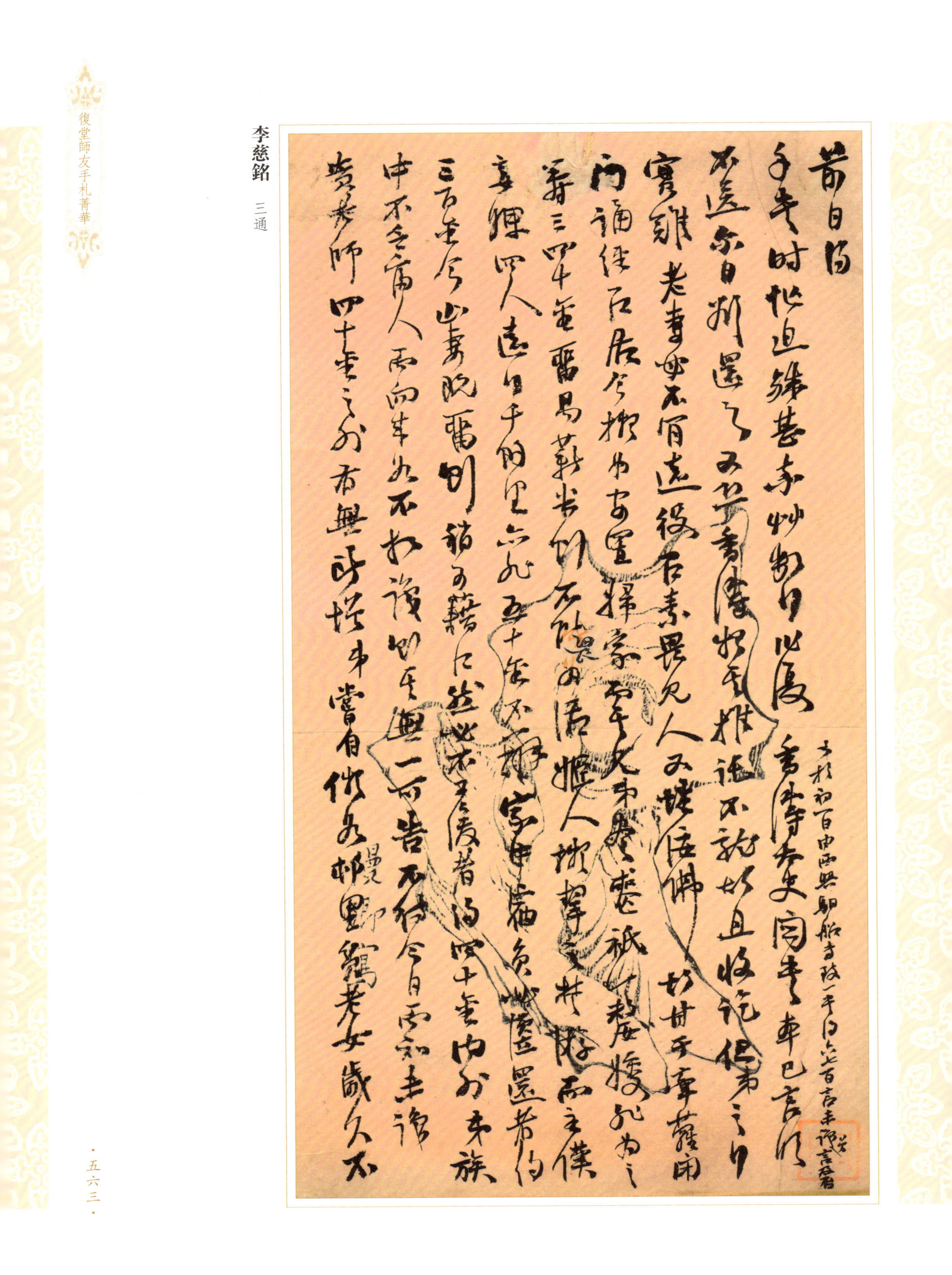

李慈銘

三通

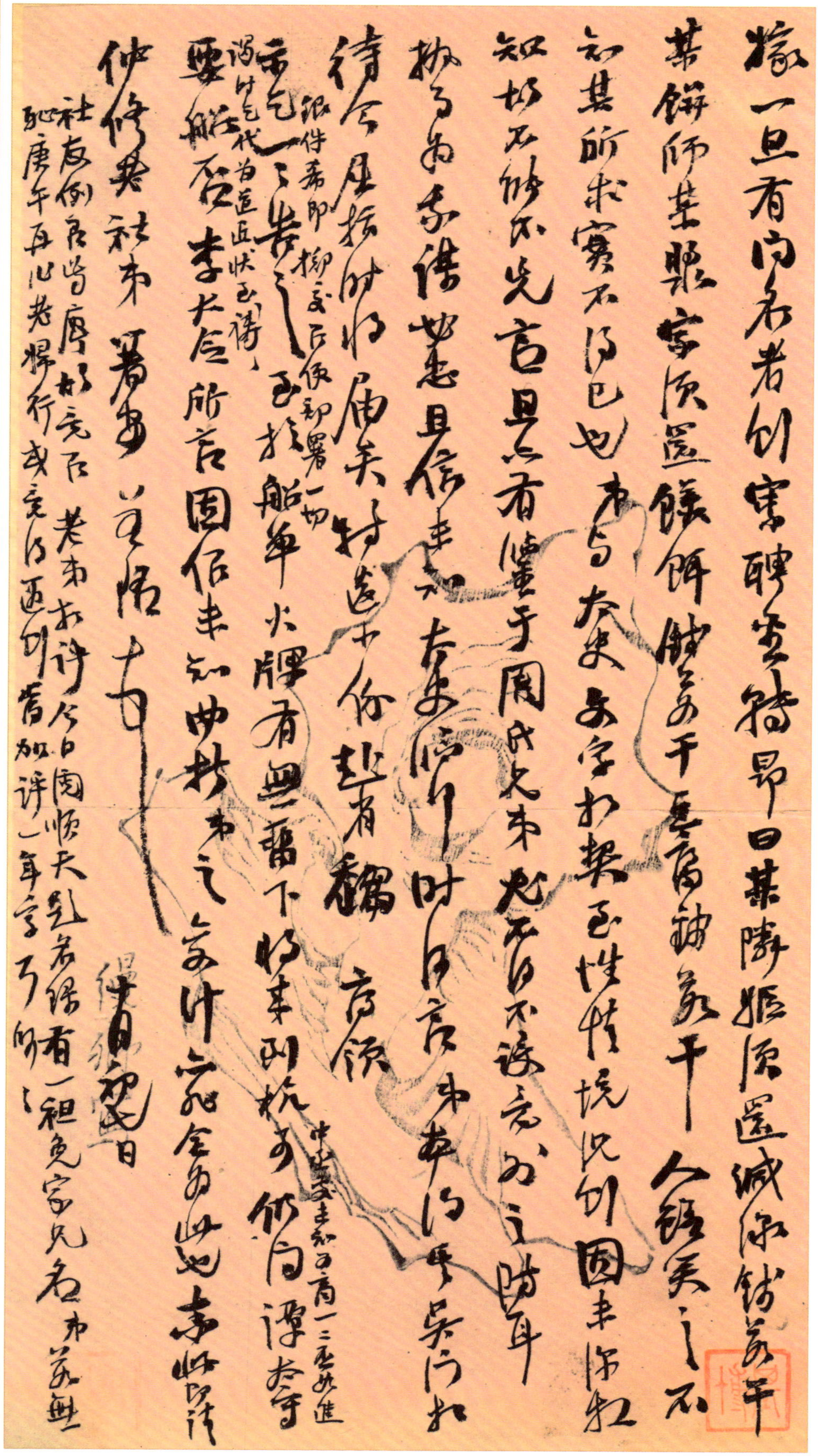

據一旦有向名者刻寫碑並精昂曰某陵抵原還減深錢若干
某鋪師某縣家須還錢解錢若干兩若干 今錢矣，不
知其所求實不得已也。弟與大吏多字相契，且性情撓況刻因未深知
知如不能不先言。是亦有僅于周氏文本尤在日不設意，於之陪身
撤之為分傳出意且信來知 大事[illegible]時日言 弟本將得吳門相
待今星振附稱朋矣 待遠中你趣有鶴 方領
示已一一寄之 至於船單火牌有無一番下將來到杭州 他日譚老[illegible]
訊件希即撥交匠役，即署一切
渴付包代為送匠狀正誨
中秋後來知可商一二要如進
要船否 李大令所言困信來知也於弟之 家什宛然全分如此也 李世將隨請
仲修吾社弟 著安 弟[illegible]頓首 十[illegible]日
社友俞皆屬撫先生 老弟亦許今日同慎天亂名緒有一祖免字兄名 弟若無
馳唐午再以老悍行我完以通刻肯加許一年字 弓所[illegible]

拜

書簽題詞婉約清深不負　前詞已託匡伯寄上備謂悉依原書字樣此詞當時未加注字蓋正字耳

尊賞扇頭此畫係可傲視伽陵　特此錄呈左案

兄自此亦可千古矣難謝之矣歌樹聲聲行不出晚來

此有能風月耶錄竹松溪當借杜花間一聯也蘭書

左右共談

寫詞借松下兒摺曾與匡伯醉醺而今小械通用難以一根

報命以此不敷復上

中蒙道長　弟華再

年社弟字太薇後世社字尤犯　因乞改仍不敢用

惠書誦悉。承題姝畧圖，雲霓宛轉，信光白蘋，紅芷婷嫋，欲絶美。填詞固當第一。撰先題之。海上之琴，孤同心不能解也。河陽月闇。撰拒窮無論，生張熟魏耳。當承仲兼與辰安善。草箋掇首。

陶方琦小傳

陶方琦字子珍會稽人父良翰福建興化府知府君與兄方琯同治六年同榜舉人光緒二年進士翰林院編修督學湖南以憂歸光緒十年服除赴朝卒於邸有子五人君儒雅綜群籍篤好淮南王書治經究心鄭康成氏文章絕麗下筆滔滔如泉性尤服善人諷其失輒遷改既上第退然勤學如初愛友朋山水悠然有千古之想視學日勤求賢俊惟日不足鋭於著書稿卅十餘種往往總理未竟已刻淮南許注異同詁許君年表而已年甫四十齎志以終亦其覃思廣遠精力易竭如自知其不永年故汲汲有若不及與

右錄譚獻復堂文續亡友傳

陶方琦

三通

數日不見，柳柳森緒，渟雨敗興，旅懷益深。前呈拙長句，兄了因藍湘行中經來畫點。以弟揣之，藍洲韓子周蓋此畫為伏奇異，恐黃金擲虛牝耳。淳淳尤抱，蘇蘇擊不休之哉。不能去諒。小詞一二章奉教，即頌

仲儀老哥大人雙安

年姻弟端書

風沙閒陂，乃寫蒙小詞竟寄覽

仲修我哥同年大人師席：去歲病中得書，備道道中
書向殷拳，尺紙什襲，厚志。又
爲以樸學，以弟之不材而俾聞大道。
尊師之論，敬佩終身。弟自病瘳，半年適有來家，始能出門，疾痛
實人之所極，命宮磨折，十乃九左，今年迭遭
困厄，廢門亦分。武林志乘之局，起亦未開，眉州書局亦久無歸信
來。明歲或故人或可聚首。面
老哥一行作吏，雲飛雨隔，悵望南天。知已化離，弥深惘悒。
歸皖以後，宦味如何？聞已得一差，亦可以飽於食。弟不識上
官，無事。四看之機，故鄉難羽，引領為勞。弟乞時賚

賜音暨疏，下示聞藍翎之擬，宦況甚好。子峯局近作未盡得意，甚非計也。明年兩科，觀一棲會史，半以後必易轍矣。

先生宦游飛騰，此先爲先路之道乎？都門近局未能觀曉，時承書來，尚述舊聞過密，以鉄尚書遠藩，好作昌襄韓圖之理。雲門亦有書至也。

從者知已遠隔，所以首何時念之，此心悵悵矣。前清遊鄭亦至，所得子虞校及郎城亦未一見，寥屍屢露，況味可知。首夏之際於秋，筆硯舊數芝，总都如隔世，加之自昇著年，感思命續，欲念雖漲，布施療之際，不堪鞭策。精神。秋盡日

畫可惠比得道威淮南真本与宋本相去不過什之一二而同
中刻莊本多出書箸宋尾之每之上三惡多斷令人悵之强使顧
鼎家行論烈之字恐擇閱絕近成淮南莊本道威校異計三卷
錄夏當續成之元落可惠鐵船華絕不過迺青之甄生理畫之
麃騁日此錯遣盧之廬尾諸耳無念
厚作輒溪慎墨病中含之四情詩詞蕭敬附
鑒上承
并安仍便乞
惠數行以慰輖飢

同年小弟陶方琦謹狀

高陽臺　雨夕飲秦淮同柔根先生

江霧捎衣，水風颭燭，涼宵重聽彈箏。曲曲青谿，樓前流過無聲。依稀六代繁華地，傲今朝、雨冷煙清。却難忘、酒汎瑤樽，香簇雲屏。

年來慣觸湘江恨，恨羅巾水杳，金鏡潮生。脩笛東闌，舊時月色分明。無心再對閒花葉，算天涯、都是飄萍。剩歸來、無舫迷漾，水閣空冥。

滿庭芳　題玉窗清怨冊子

梅占春先，桃遲雪後，那許盡整羅襟。香散胡蝶，高下逐花尋。漫問蛾眉深淺，無人畫、留到如今。瓊樓畔，層層高處，莫怕曉風侵。

沈吟前度事，輕寒輕暖，都不關心。怎閒了紅闌，芳訊銷沈。歷亂海棠開徧，庭檻外、一抹春陰。誰憐取，玉階閒鎖，空護鏡匳深。

復堂老哥教正

方琦

陶濬宣　十五通

復堂老哥同年侍史：去冬琴從旋里，未適來杭，戴闕薜苔，點首肯緣。別後駸駸，歲月忽又徂冬，山川高闊，缺眺通候，瞻想之積，過於陵阜。一昨從子虞書出示陔渠手札，縷悉近狀，并藉審

紫篆南譙

令聞益懋師門河里權作長官亦

是佳話聞其地俗風純樸遠勝新

安

賢宰所至民物改觀

靜治餘風必多涌詠欽企之私

自去臘書局妥襄書局遠住戴園

得手无因偶来諸子所夕披晤教 胗

居雁比書房中事皆對財人多

雜流知好星散迴非時曩田往昔

哥在局時覺今昔氣象頓别滌

易春好臣根来釋矣近又以計

偕信人来皇安跡而窮君迫萬状一時

尚未能滅行風荷

厚期兹以時及子慎得摩星銘差

為光寵仲彝近年許里居林伊

彥侍近況如昔均

勿念仍居一室因乏遷徙之費

也年勤不懈遠情但增企詠敬叩

升安伏祈

倍萬自重年小弟濬宣頓首

十月十九日

復堂先生著席春初寄一書亮蒙
惠鑒弟蒙卜先兆至二月中旬得畢工收冀
與五年時值歸杭回留省先塋迄今
始完雲儀難成窮矣通執事勸學局
言去冬已將序文呈
教近日於塵俗之中偷閑寫稿粗完
荷示寄為數
寄上

著作連篋，其間譌舛疏漏之處，亦當務求
先生詳賜誨示，匡其不逮。檮幷見聞
卓見所定，即求一一批示卷端，不勝叩禱。蓋從義辭止十二條，尤望細閱。
君紱案頭翻閱，欲借批校條疏通
必能就美大方
先生愛我，幸賜詳教之，敬頌。唐人論
書秘說，無論二王法，所謂無真迹，越中舊見
龍臨宋記，以今傳本，莫知其處，如訪獲數年

近所得之六一快事也

遠振二字頗上

先生先睹為快去年從虎山西天洞覓得清

石經殘石二方以吾越箴北相一字穩包車載

千里運歸並拓以贈

先生并求撰一跋也諸經文句似是法華經文

漁人于水中得一石刻清文壽象不知何時

明人歷代帝王象刻石本在越中郡學

所刻當不止一石也　近山

去年論書詩中已讓曲園一籌高賀

老經南維學生雲門之句尚未謝得也

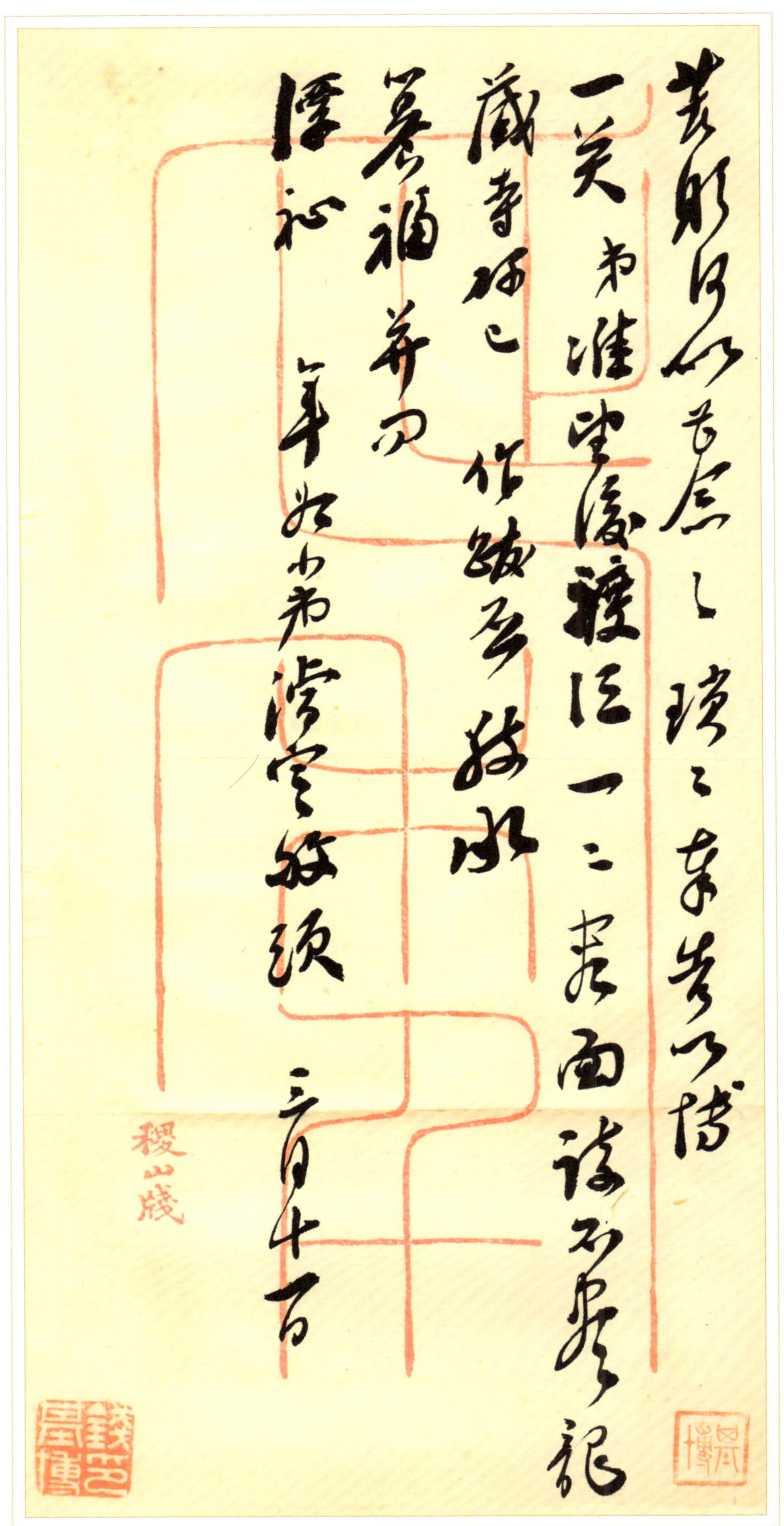
稷山牋

復堂先生同年我師：去秋中允復到省，而

先生已行，披讀

留書，備承

閱愛。詁經院事，弟與子論

本欲竟見，據李九齋一切仍由吳[illegible]經理，俟

時須重作，與游不能兼顧，故不復再圖，呼

聯[illegible]人以云，弟年抄本日逕呈，以作更

蔣山為

書師所托，書局總校僅弟一人經

叢殘忙不及更來返閲

先生者旌 招

林履安好 今春赴 鄂 足下挈

眷屬同行 西湖書院 新造宏廠 規模心

字安擴備 大通 霸府 海舊羣尋播 遺

笑言时隔神往 季平歸蜀 理庭向上

旌湘 今夏重來云 穆卿 足下 廉面 均

近來危阻乞　示覆　彌軒孫錄　采菽　子偁先生

之詩去歲仍渺無與許的　隱庵詩稿

寄還以備傳錄　觀眼　龔甫新借先詩選

錄數首　著廿頁函　早日

儻蒙允為代借抄寄之

先生選錄五六十首　評閱交與　龔甫請其

編入其仕履小傳由弟易寄　龔甫也　至深

之詩稿托之

頌字收訖。知從匡處乞得詩稿一冊矣。與悅昌寄上海三馬路逢源里悅昌綢莊轉寄，萬分妥靠。弟即擬在身開雕也。昨禱之於先生，賜撰一序，隨時寄與為感。以後賜書不必由悅昌轉寄，即在鄞縣信局寄廣省廣雅書局，半月可達。

弟去年書贈先生一聯，乃係即寄。後閱西征記跋附呈大教，諸記另日再寄。

箋稿

辛卯元夕 小弟浩宣頓首

復堂先生同年師丈 別後途
已經秋 池念言改 此行 秋禮覺
孝行 寫
枝履 旋者 苦 林 前 居 餅
危言 弟三月間 在申浦 明鑒
仙令弟 其實 登困 從史 石印

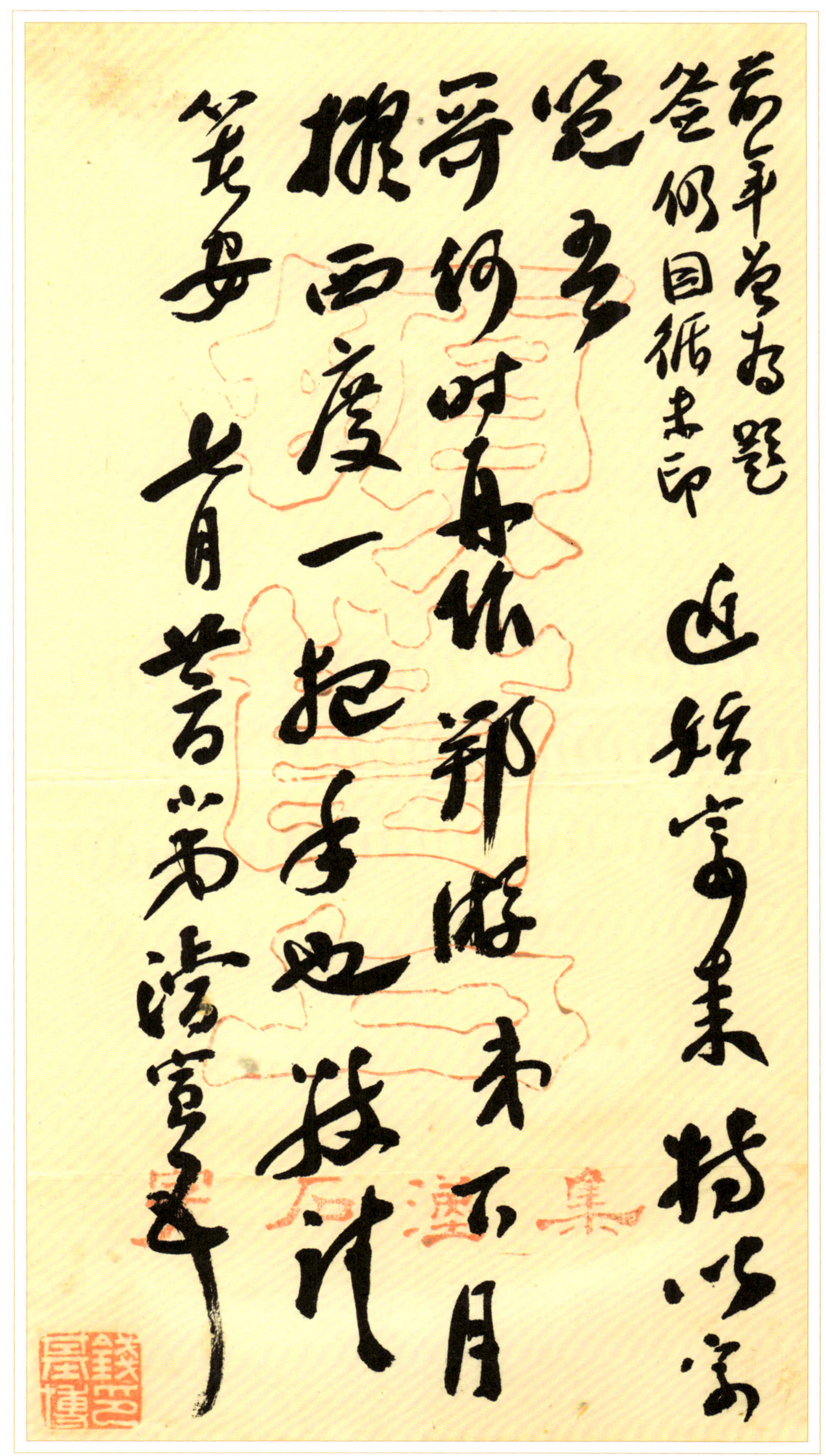

復堂先生同年我師：別後匝里，人事牽拉，無片刻暇，致疏上問訊。蒙惠書，敬悉尊履安豫，甚慰甚慰。弟本年圖赴粵，並由杭州。丁氏易林擇文，擬即面呈，彼未寄也。承函詢，即以寄達。謝

鑒收。弟學瀚頓首

但年來忽忽人事酬酢，偶有著記中輟，所
有意惱亡質，故隨作隨棄。益吾先生諄
屬留稿，始自今年起錄存數篇，不可謂
之文也。錄以呈
先生賜教。其有不合，必求
削改，并望
賜以軌範，俾得循及。
詳攄指示，匡其未逮，所厚望焉。風岸

不棄義甚
師友而情同昆弟，弟萬分銘佩，家兄處氣採
禧之　弟訂還補宅，初十外來杭，再得
面領
大教也。十家四六帶來刻竣，去年有校
本兩冊，尚非完本，先以寄覽，務請
著安，餘面。　年小弟淀寶頓首

稷山箋

復堂先生同年：別後於　談士五中
果深慨慨，緣早猶遠故林，
慕係依依。前　屬之節，當面陳
于西工，唯務節左右諸事若煩。
南菁書院自去歲始分經學詞章
爲兩席，元同主講經學，繆小山講詞章，

院事殊簡，今冬以山館閱辭院儀，請朱蓉生侍御。蓉生以目下設學廣雅，未便即辭，擬函復南菁東，以此席與吾哥最宜。院事尚簡，月脩拾豐（每歲一千二百千），且一水可通，離家甚近，故已擬向

蒼浦學使推薦一函，函請必常以自

代，并屬兼主於辞館出中印華

先生□日內晉謁　夫師，并請作札

也。先此奉告，頌祝南菁得人之

慶。弟叔俟　夫師　梅節除拾遂

中旋里前

十月初六

樓山牋

命書半厂數已寫竟並
代撰陶集後跋并像贊與尚
笑成撰成並雅書考序已刻
穆卿記序照以墨乃中並堯如
賜書承信局經寄卑省廣雅書局轉認
道安 不具 年小弟澂堂頓

薄宦知何恨鳴琴早放衙黃山
仙令賦試大邑相公家鏁印文元害
行春縣系有花相逢農父老岸幘
話桑麻收拾江山氣都從卷裏看
五言刱高格十載溷麤官茲世誰
同調青琴不惜彈風騷原比興幽
思寄無端

丙戌中春寄贈

仲脩先生同年即題復堂集 弟陶濬宣

黄浦

滾滾三江水奔騰只向東天長沈雁鶩月出醒魚龍草散千華綠燈高萬舶紅忽聞喧鼓角重鎮海疊雄

入都即事四首

消盡双輪鐵鳥衰四度来藏名空酒肆走馬又章臺短策客方倦初衣春正開飛騰憐莫景相對且銜桮入洛誰相問儒冠

媿誤身東風三月柳老我十年人看鏡
顔非昔撫懷剗久泯車塵如舊識拂面
而相親　十載朋游處廿次歲不同回頭燕燕
市侶極目遠天鴻長路書千里懷人酒一
中庭夜紅的的相向舞春風　聞一能知
幾勞勞轉自憐逢時懶技拙虛譽畏
人傳白眼逃當路青雲待少年時艱
誰獻策　側席正撫　賢
滄宜錄於宣南客邸
丙戌上巳

大沽口二首

春風吹送下滄溟，談笑魚龍夜不驚。鐵甲
八千齊馬力，銀濤十萬壯軍聲。五陵佳
氣蓬萊近，大海樓船碣石橫。七二沽天險
在，年年波乃 聖人平。水天萬里極茫茫，
睥睨雙臺下夕陽。猶有風雲盤故壘，
空留笳吹吊賢王。精靈怒壯波濤氣，鎧
甲高懸翔漢光。海戍近勞 宵旰切，憑
誰集手奠金湯。

潜宣近艸

奉酬

仲儀老哥歸杭州疊前均即正

東風吹櫂動征蓬，十日平原笑謔親。好把湖山誇故里（君先世會人），最難客主共詩人。時當蝶國生錢盈，世原壽福原是無多綣，宿因如此睛游庭，不負新詩傳鏡湖春。

小弟濤頓首手稟

復堂老哥先生同年省门小佳
日佳
禧益悵悵以暈別後上承
撰鄭安孫莅依依太和師祠
款越郡同年家居在察察我
人題集六十番托便友寄之此

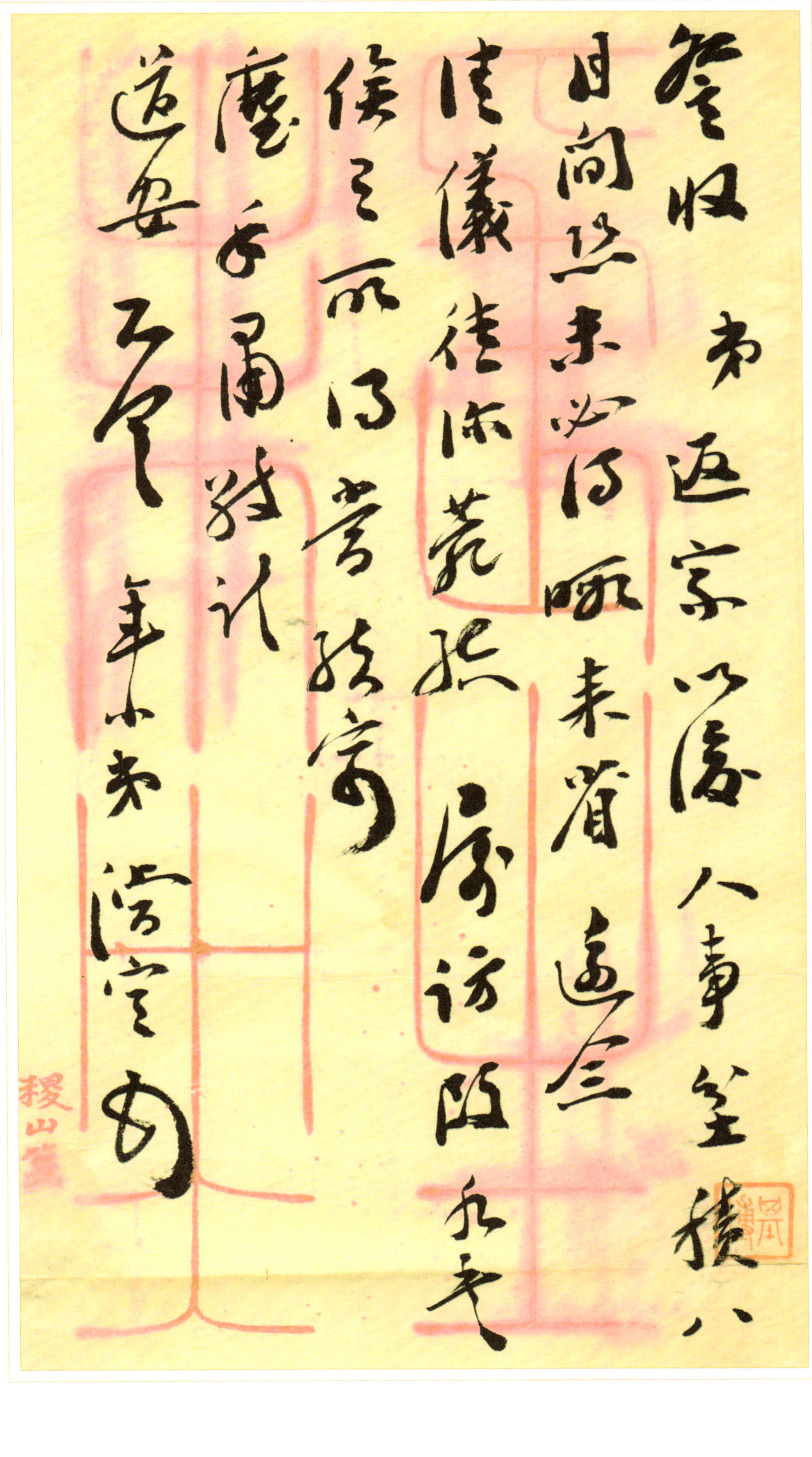
簽收　弟返家以後人事紛擾八
月間恐未必得暇來省遷
居清儀往依莊北序訪陳兄老
侯之所得當錄寄
麾下手肅敬訊
道安不宣　年小弟潛宣頓首
稷山箋

復堂先生同年師席：四月初寄覆一函，內附頭套兩種，並桂黃兩，七月初又寄一函，十月又寄一函，亮均達荃覽。又屢因穫卿要務殷繁，未來拜聆言之，後地為採手言敬承箕萁益增

櫻山牋

諭祗聆華誥佳之。新年到郡，當起文
旋阿里矣。張勤果神道碑敬從心
得咸不負。宏製劉向得在中數子
道已北行，寓人拓難，還吳矣。石送
盡三石存之，必不舉圖矣。來伻借
又張二一碑得
此書另用洋法照印一通，以快先睹。特

家
法鑒。又近成擬文數篇，（尚有一二篇未刻竟）均已
一笑。春初承
手書，知件均一一寄
成分別轉交。頃汪君子一僑來書，欲已寄
好寄茅以報
台命。頃於蔡冊葉
求
遠為
海劉惇稿寄擲，不勝欣禱，盼切之。

玉戴氏居所識注展傳四篇乞
録寄來便補刻為禱來正月初由
魯北上二月中旬必至京如
先生至鄴時或至門見乞到滬為詠悅
罔文瑞一詢便知手此敬請
著安 唯照 復不宣 弟徐堂頓首 十月廿六

復堂先生同年師席：前承
復書敬悉。
叢初體味甚佳，承以先塋爲留
備述報畢工，仍擬序稿，敬求
先生鴻筆賜撰。先父家傳一篇
以光泉壤。近知族擬修宗譜，得

尊家藝之光，強存切感，殊頌頌。附之墓表一通，請無偏次也。求先生詳為改削，並指其疵謬，勿仰之氣，擬請之華西湖成，達觴之寓郷，以便書丹。盼切盼切。弟仲如不能詳述。先涇故不別

具狀　先兄存豪植篤待伯兄年家兄

摯晚　維幕此表中所未及也書

表附用為別人填諱并示閱

先生有歸與之志偏為浙行

杭楊園主人無羨子處亦常相見

致謝　　箸安　弟濬宣手　七月廿日

沈祖回書交信局寄紹城西郭甘便

復堂老哥先生閣下去冬由仲熙
貲收條 囑畢書和由粟園令
弟處所寄之書并書院學規
序亦先後同到粟園太關聿來愷
未再承 賜海示永節感佩不可
言喻 惜南之數家來樓一年手函

承教爲根年。市去書由粤遞里，

弟病每日中愯，遲寫戰成沈疴。

夏秋之間，擬以庭于九月間遣嫁

次女，十月間爲 先君營葬于巴東

鄉白石嶺山之陶姆塘，因於冬元日干

河道涸阻，運石艱難，遂延年柑石

工尚未完論敘撰歐陽之表許日致
壯秋之負土也路廣雅爲課太甚
良友書詞曠閒故念良深近來
畢瀛館韻零殘不休此間舊目
惕自仰屋妻取又迫已無志再遊
計來車矣候妻問先瓏工竟撰

再序嶺南唯先人志銘題跋求
大筆表彰潛德風流
終愛如荷垂許先此奉懇稍間
書致述事狀寄呈
著席也先君早歲于廣東僕園
揚任所神筆橫數擬節書僕息

（制田華表）
（老兄而不書安否）

此例可通融否

湘公神道六字是否妥洽，求（墓碑擬題書誥全銜）

速賜裁定。亦呈因碑石待刻也。昨

請請杖履同趨鄭，扺楷逢

未訓，抗節搖來。素書所取張公神

道及碑已擬呈，敬請鑒存檢記

著安。弟[illegible]乙未正月廿四[illegible]復堂年

復堂先生同年師席：首夏在都門貢一箋，詳以拙書，蒙賜屏條八幀，呈
教見達。
蒼〻即此
頌樹卓著，民相攸親。
真除超秩，甚頌甚望。弟鏞頓首

南依然雌伏，張朗師招赴山左，王益吾師又以斠刻續經解相屬，而四十年頭緒處處蹇至，無因作出山之計，今住未定，後滔莫從，敢質先生以匡不逮。前

弟前以教習注官知縣，見擬指省江西，益師謂留當未定也。

命書復堂楄字　敬作大小兩紙奉

賜教之

清輝天未思之悵然詠期

惠音以當雜佩敬承

佳藝不備　年小弟滄宜謹狀

丙戌至日

子縝先兄遺著多未卒業近日董理寫定數種知念祈告

馬賡良 二通

復堂先生姻師春仲奉
惠書備承
推獎感媿交極屢思裁答而家累身病積時累月中
心焚溺百事皆廢中夏曾屬止軒達悃未知曾達否
也斜陽煙柳圖亦春間由止軒轉遞諒早
垂鑒良半年以來無論詩文無論工拙總未嘗成一字
前日見
大著寄龕文序有世不數人人不數篇之語驚心動

魄幾至淚落自問數十年文章自喜有當立言之
旨者畢竟幾何越中文章曉近首推躬恥齋今年
始讀其全集文章確有銖兩可勝恨恨越中故人
詩詞多可采輯言行亦多可稱述選録叙次本後死
公内事三復
惠書且興且感然自顧百骸骨皆疲心力益墮一寸爲
己之業惴惴未就京尤安能及人仰望
高風惟有媿恧良
數年以來成文既極艱難酬

應又不能免言所欲言者按之不過三篇謹呈
元覽有當作者之旨與否幸
教正之茫茫天壤知此者幾人勿爲世法障蔽所
願望也沈蒙叔文字知交時深縈念前承寄示
詩詞足見故人情重兹亦有書通問拙著幸遲日遞
示之草佈敬承
著安弦弟
朗鑒

學小弟馬賡良頓首

文芸閣

復堂先生師席：獻歲春氣殊寒，未審雪舫冰湖能探孤山梅信否？廣公清興想復不淺也。良裘爐瑟縮，與病常呻，此身遂將近廢，數十年文字修因循，并不能成有漏之集，撫膺自歎，亦自惜也。承命撰月記序，勉力求工，久久愈不可得，盡臘脫稿，氣索神枯，不復自審當否，謹別紙錄呈，幸即是政，刪潤之可，指示之亦可，非衢還言也。寒家藏書隨侍[illegible]其

年書未見想是感舊一類
鴻著給之闡揚功爲不細浙東惟孫退宜詩爲
先生所未見餘皆在所素知聞見實隘人才亦難續
有所知定當報
命娱園有詩存兩帙刊印未知曾
見否須見當索記[寄]或從心雲索之得也草佈不盡敬問
著福並賀
鴻禧
學小弟廣良頓首

王詒壽小傳

王詒壽字眉子山陰貢生候選訓導少習法家言游皖南三年矣起歸里門性澹逸好古學思心湛一詩篇雅令間為南宋人小詞輙工有笙月詞二卷尤精駢儷文字芳潤縝密如吳陳人一署武康學官杭州奏開書局諮延學人校理踰一二年眉子至諸人服其安雅名大起王麟書譚獻陳豪尤交契也已而諸人皆宦游君窮悴且善病許增邁孫博覽好賢尤嗜眉子文一日語君曰子今年五十矣何不寫定文稿增且任梓人費以為君壽君遂起再拜縵雅堂文六卷刻垂成而君已卒詩十卷稿藏其家

王詒壽 十一通

仲修道兄左右：頤園話別，夜雨燈舟，忽忽又兩月。前暑秀州
黃浦所寄兩書
故人情重，命人長踊生感慕之。珍摸園藏印寄去矣。本月廿
一日奉中丞札委，亦元同赴作總校，次日謁見，又言及修志事。
固知
薦士之書，已為早達，感甚感甚。譚子之初，潘甫太史已單開諸
家善本致之中丞，其所定亦
兄先開之單大略相同，本華即依此校勘，而江艷君異說滋
起。又以京轉自行不甘相下，日曉曉于書坊，欲敢戴門自陳

幽而廣門簧宗劉照金根出車轡首名郎來解芳洲之杜若
知類甲從侍香鋒杜紋祇增人笑杜丰木堂廊前轎裁元同新
病起十日即皆逢逅甬東之錢篆時東渡后福昌之故度歲
以度九節灘乃至嚴裝家祀俱付長生簿多皆二日又聞
鼎湖出變天殤地摧率土崩心把人之悉不勝嗟業旋聞夔龍
定策
中朝奠安驚喜之中又如頤手入譬多人而斗室枯坐若念
知出又不知
惠山事某四罗时尚未了此起已银驛质文當有信来闻又
或能到皖一切以如计貺文處必有消息特先奉函異寫結轄

到省後當續佈觀樓文欣文式到大作留別七古，合沈宋岑李為一家，三復不忍釋手，情之所鍾極襟匠筆來，會不復能計工拙。時值施均交卸，小圃書來，校第三皆及生又來回，彼謀園鸝與番銀十二餅，由弟付山尊府，據云明年眞誤以文從川主開營敝前亦行實乃弟寄集二信並函早到，湖得其與高軒同所安，西事記越時，部轉寄乃遲至十一月杪始到，可恨也曾復出，式如接着，省所須當爰為畫策，弟困歲弊債部尚未寄往，俟到省當畫來也。手洲即請箸安，不具。小弟王詒壽拜上

仲脩道兄大人執事江水湛湛

知己千里碩言之懷良不可罄承慶

寓書又貽嘗于校正久缺裁答非惟疏懶亦且言長難盡迷也

執事近狀固所深悉方伯深能招致必知重賢耐心處之事之當

在意中志事學

問識主持乃倪中文摘之奉覲微狀集皆蓋若派承

示鄭偶兩君近作篇短什能令讀人一快睹不才辟居廣中嗒焉

寡雖富貴之心亦消名之志亦磨惟思一士之生稍異儒俗没世

難稱誠不復恢別後未詠諸之外大肆力于駢儷之文討源漢魏

擷騷六朝，自覺小有進益，它日或得勒成一集，庶幾以詩文附作者之
後。汝才薄植淺，處塵有年，頗有志于樸學，時時就先生討論大
海范之正，不知律梁何在，入嘗以弟所學文二首、詩詞約十餘首，欲求一知
者商可否，渺渺不可得。局中大綱，此雖諸公如肯而一華新人同味，殊
道異有聞。目睹者往往汙陋絕于等倫，雖從事應考墨卷，鳴鳴作媚
都。嘗謂先生高哉也，如何。諸子之書已將晏子、呂覽、墨子經訓考本
欲寫定，餘亦多有善本，惟淮南莊校本造為傳世子。珍之書僅處
已所往已度者，誤不肯示人。風渺又遠，先生書且於仕它處，祇得俟
它日再商耳。秋伊寫信，殿懶得
大作詩序，雖喜無量，惟有代微詞改四字，當為轉致青清喜家書

香樓硯之所已赴甬東不知昔機會可圖至此聞志事未遂為謁
中丞已面言明年必開局云云濱如都轉亦數言之以張君者異議
起滬上申報乃竟言弟元同中丞已下札委修志真可恨也今年
以事乃又成縣閣但纂文不能定稿未極畢須秋試後再行參定史
事可到設局修功極大成書須幸在歙滁未幸族家多公中輟
免者矣語近日略加翻閱竟有改換角而轉角為疾為極力翻去而者誤
皋山為可疑者其人則皆卓然名著屢講之秀京官也弟自遠持來
局前元同長佳逢來整回錫青家者凡事且佳兩句復奉風昨已赴江
西同人恨閣卿實士及陳但也在局時多江都大具風波不能相撥乃轉
西僧如狐狸佳偶柳何可笑弟兒竟至不可收拾其京寓已經作草

此間千里之外，解經或恐有輕而作歧頭易厝之計，唯民使你不可向
如此撰著一段，至山若之痛惜惠山事，一波未平一波又起，照文獨力何可
支持。鄙意此事不如明目張膽，若之絕無了結，此宜之事固可不慮，但身
在此間，謹慎小心處之，一時亦莫敢誰何。又子虞至，但與閩府試文才回，
隔數日輒來一夜談，了知吾黨之在鄉國者僅此數人，無鬼使且燭攘飲而
都事及堂術法，居抵掌劇語，真不知天上真人之院中如來權術地隱山
雲鳥之勝，當在心目，未嘗不眷懷也。庚壬子之秋，與金陵姪郎無事理舟擇
與宣州道出蕪湖，瀾頭小住，每夜看大江月色，何等胸懷，銀甚界時而雷
浪噴涌，直如此翻山倒者，當立惕吾時不能以奇句寫之，如何可惜可
嘆待

執事學一中上之鈇力足踏實或學輕裝而斗作六句之游娛不墮

弟亦一大快事答子楼正畧圖一通雖如

盛論刪餘說而對刻之處自是大佳惟事亂易之它日當面談君

商之寶者之行必在秋間秋律協東路之因閒當不待冉收存耳

處未得送去及秋當前呈也詩長又重學處何懷輕禮遠為念

復謹次韓後

著安諸頌

此去敬布

此並不宣弟王詒壽頓首

四月十二日夜四鼓

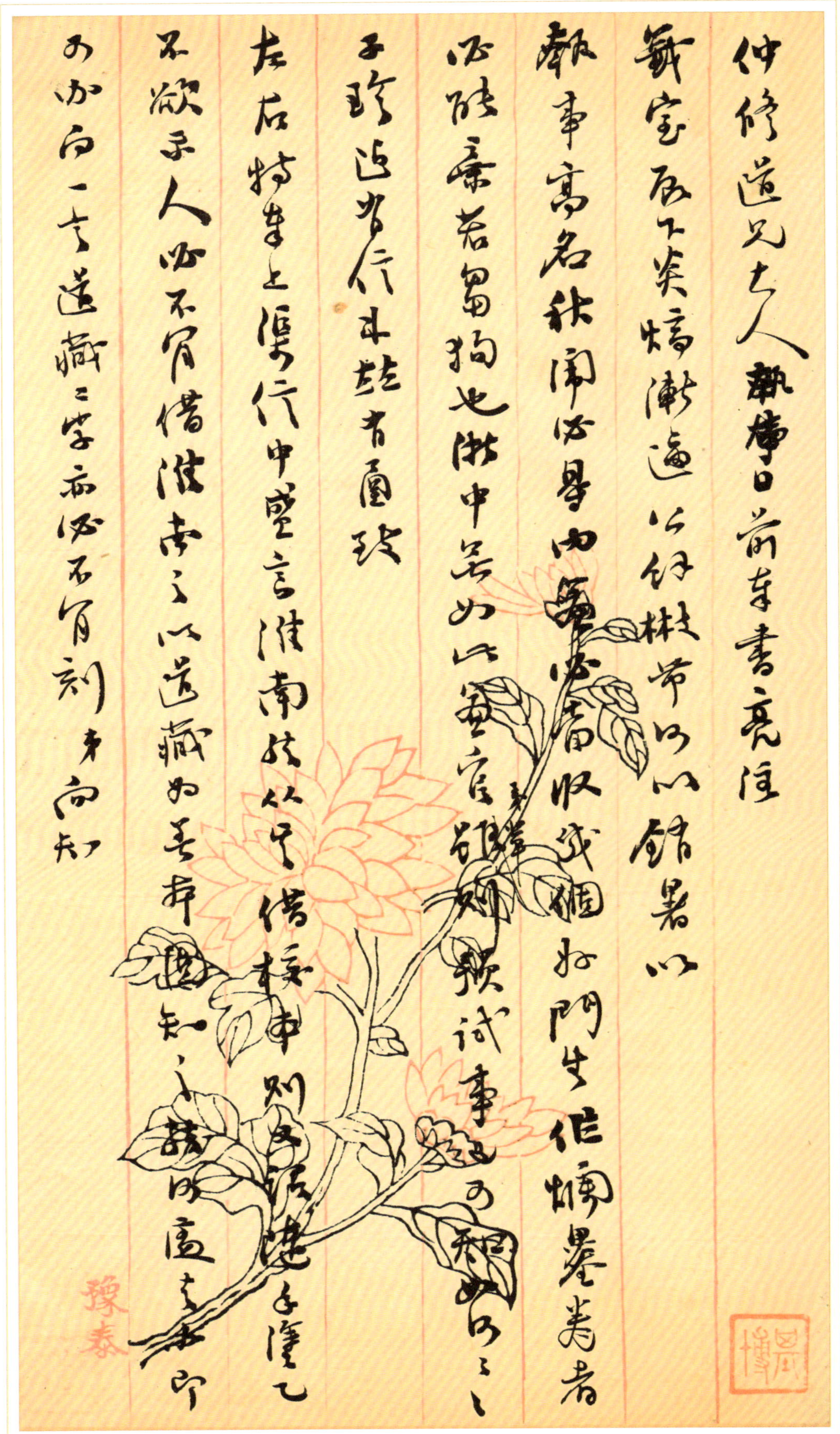

仲修道兄大人執事：日前奉書，亮(?)注(?)

籤室辰下炎熇(?)瀟(?)適，以仔(?)林帶(?)以銷暑，以

執事高名，秋闈必與(?)內簾，必當收試(?)，循(?)好(?)門生作[illegible]墨卷者

必能(?)素(?)若蜀獨也。此(?)中若如此，定(?)宦(?)錄(?)取(?)，試事已(?)了(?)，如以之、

子珍近當(?)行，未(?)詳(?)有圖(?)致(?)

左右特來(?)上海(?)，行中堂言淮南於從借校本，別後[illegible]手(?)望(?)也(?)

不欲示人，必不肯借。淮南之以道藏爲善本，[illegible]知之，諸[illegible]盧(?)本[illegible]

而(?)必同一方(?)道藏之字，亦必不肯刻，未可知。

豫泰

都事前校定本條依宋本校者伏望整時見假印寄來弟已為元同治
定兩人分鈔寫決不令原本小有污損也現在弟校呂氏春秋元同
校晏子春秋寫樣每時一半依經訓堂本不改一字者點出則素
冊式將來可作校刊記也局中一切如常惟往都君狂濤起直集欲
尊校韓非子不准別人負校蓋不准但校校看文條在局中自用呈送
復校談古呼之如呆如痴偶校去則緣籍言捕之早彰如癡問嗚如惟一上
則動彰如雷吼唇先一露即起呼雨水謂時文時到不常多事
真如天開死矣兼不料局中乃若此一校也同人惟活雅送黃照校

官將行仍俱如舊例定于十二十八外加墨子呂晚邨新奇共十四種甚易寫設寫手時不僅向昨已經出錢會蔭留紙錢書中亞于道志道典等中裁定一種以便攜出收寫樣回行不遠也子澍叩付

時安統惟

愛照不了　弟壽頓

豫泰

仲脩道兄大人執事：前月奉手書，竟注
籤室題襟勝侶，良覿必數，深冀桑以新相知，唯盍今家
處故人引領為勞矣。自
君之出知江西，枚叔又嫩云瑯瑤佳之，蔡樓枯寂，墨偶儔
無所發舒，因取三閩古文九年搭魂之意，行居蓬萊，輩所之
書作文六千餘言，名曰九指，昨已脫藁，諸日當錄一通呈
覽也。鄙試成，物候一行，背日莖湖，行且懷時，多柳嫺，方知
知此事非時文不為功，寧如僕思成性才一展，奚僕笑我。嘔康

且亦甚不願吕不由衷之言僥倖詭遇也均於四月杪省信并

云得保山叙邑令左相國將次出關且不甚以事相屬渠甚悵

謂故去皆歸柳更同此上前者意氣如雲奮筆高談可

云壯也歲月未周諮嗟思歸懨從軍之意慕家鄉渠柳臼

懸也身挑責甚勸之從之出關成此壯猶將來相國果能

以國士遇之可於抑後治庚之渠邑良省版也苦甚言

之慈祥勤謹大勝前官風流之翩翩左右少書雅息圖者

第爲病虎懸跳竟爾失筆債毫千從今以自知此知之毋憤

誤于當事,取饑廓餘,嗾也亦無能挽回,而免聰慧美質不易
自捨棄,浪至此,嘆惜者亦日有所積,而性命人亦不復反
贖。文家其臣之事,比亦投瀘,拜先代施
執事,以器當者何時,除以前念院中所聞見部署
手我侶當面從,手印即傳
八月十六日 小弟王詒壽頓首
外字

子珍病甲愈,離久有彼書,比聞南彥
清同作蘭東,湘蘭書局,十五日仕置北
元同兵寓,城老為之告,設武府志將舉
川亦未可知,省中則浙府志尤總起,下文
刻張子之派不如刻通典或通志,弟不在中,並用意延致,先作伏,已以為何如
周季貺書聞子先生墨已覽,青寫樣矣,中興錄未寄,元同肯打
季事黃覆疏,除處不免繳往,客年自閩來西安,未嘗收得,初擬王寓
使所錫書又回,存來并傳給,到即寄也
淮南鬼谷善本,子珍必不肯借,子意如若惜之,為也所謂乙處之有舛誤,故不欲令它人見耳

仲儀仁兄大人執事不奉
教言倏五閱月矣惟晴于諸君子處訊近狀畧
聞休暢凡百多宜江天迢迢良㦖翹想弟以事撓懶黃
蕘如恒子書尤出已上板惟淮南從今善本此雖以莊氏本
嚼陳桂青仰校不知何如耳又中庸今刻皇朝三通此
書至少旬月從吳氏借得兩冊叢書已寫樣竟從原書而
吳氏于此兩冊之外堅不肯再借丁氏無之惟吳興陸氏有此
書已託楳甫去安徽書局借未不知能得否甚以爲慮又今
年秋試弟未懷挾鉛槧從諸少年後蹈故袂來乃至局

中國人無一佳者，弟于科名得失已成見慣，因思國中僅無存者。於觀今年之事，誠覺太奇。珊瑚木難，沃成希世之珍；牛溲馬勃，盡入藥籠之用。人言不已，前成謳歌（有唱于街者，多至數十句）。於平情論之，亦中不亡人存者，非主司所得專也。同學之事一無所進，校勘之外，惟肆力于六代之文，意亦欲多撰選精萃，神衛遲，匡廬力不及耳。將家之累，迫人而來，今年歲杪當為究之取歸，去春未集事，為藝鶴債臺之高，又增一倍。五岳之願，真不啻債哉。于處仲瀛詠君約須開正北上。胡父九月間有信來，云已得保舉，當隨出關，於不委八字

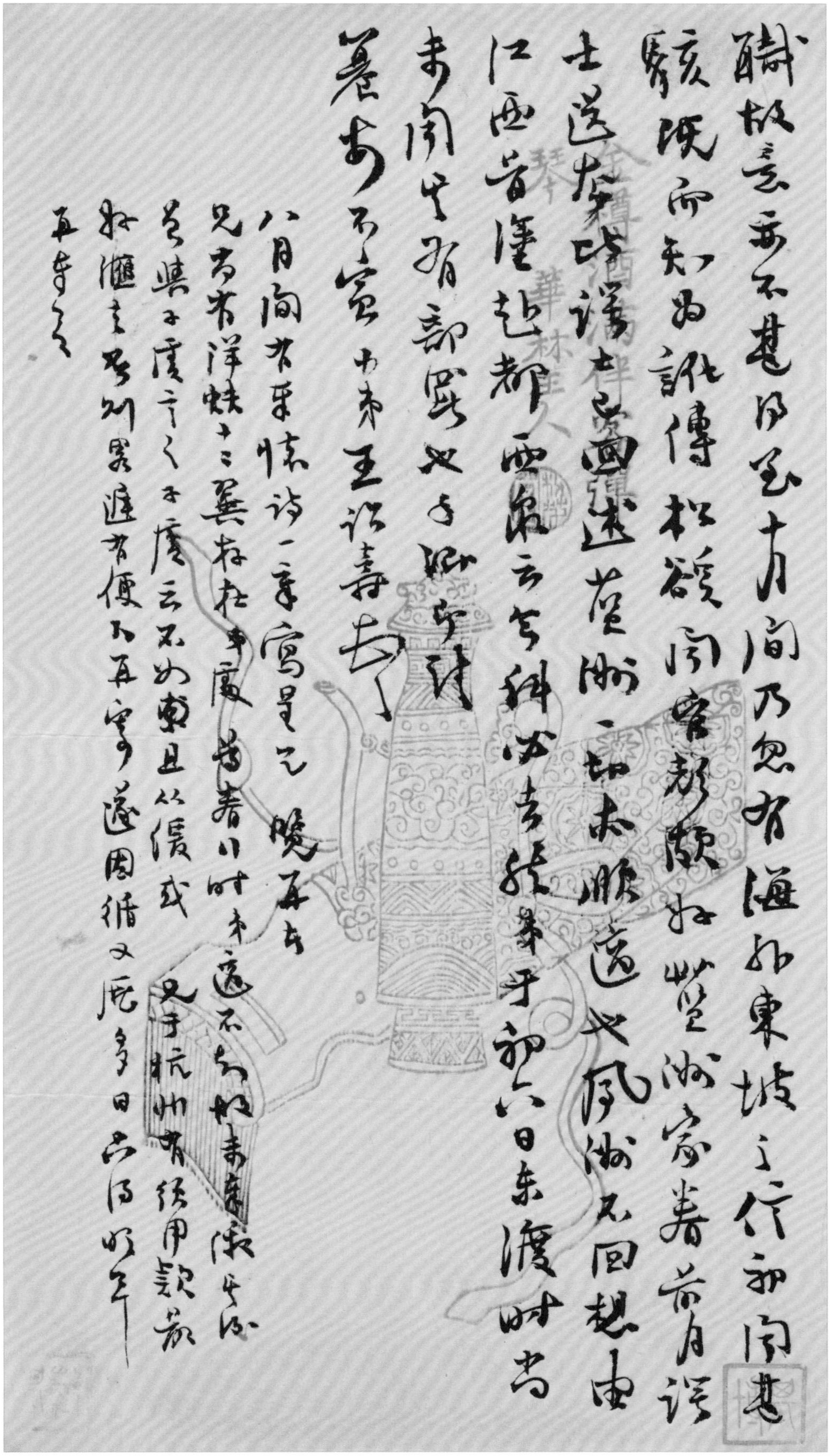

仲儒我兄大人執事：三月間由謁士交到
惠書，審
公私順適，為政之暇，纂鐵構六代之麗篇，吟新柳之
雅什，想見訟庭花落，燕寢香凝，何勝健羨。沐老
適來作牧，自必相得益彰，六翁之後，為濰地別增
一段佳話矣。弟戢影書局，窮愁如故，今年譚文卿中
丞稍拂拭之，然涓涓之流，終不能蘇轍鮒，仍不免倒心
瀝腑，為無益之文，與雁鶩爭食也。知己名夫，顧影
無侶，凡時下所號為名士者，一無所交，惟許邁孫身

達識曠懷頗有晉賢風致時往來清談興至則以示
詞相唱和耳比日子虞赴荊門元同儀父俱回南濮子潛亦月
間有嶺南之行冬時返矣渠言屢欲致音于
左右以所囑一事未能得當以報故遲遲耳莛洲新省
書來言況亦頗安善屢指同人出為令者六七人而
又與莛洲招豁大能持其名節淡著循聲可謂不負所
學令人欽佩蒓客得擅南宮足為我輩吐氣聞其補
闕在即故今年南旋與否尚未可定秋伊任館中書挑
得二等科分名次既後得官之遲殆無期其輩真悵

足矣幼眉閉户讀書絕不它出弟又疑时甚少且近水偏居鄉閒距渠廬稍遠故相見甚稀自定鷗堂詩三卷梓成寄弟並屬轉呈細閱其詩和雅時有中識不能多得特其近五律結聯往往平易近試帖又七古句法失平仄者甚多重名體閒有累句頗惜其訂叢之時（梨題卷中注亦有只斟酌之處）不與二三友朋互相斟酌也渠于近人中極心服吾兄還能細批其端而寄書以規之否手此即請

道安統祈

朗鑒不宣

小弟王詒壽頓首　六月廿八日

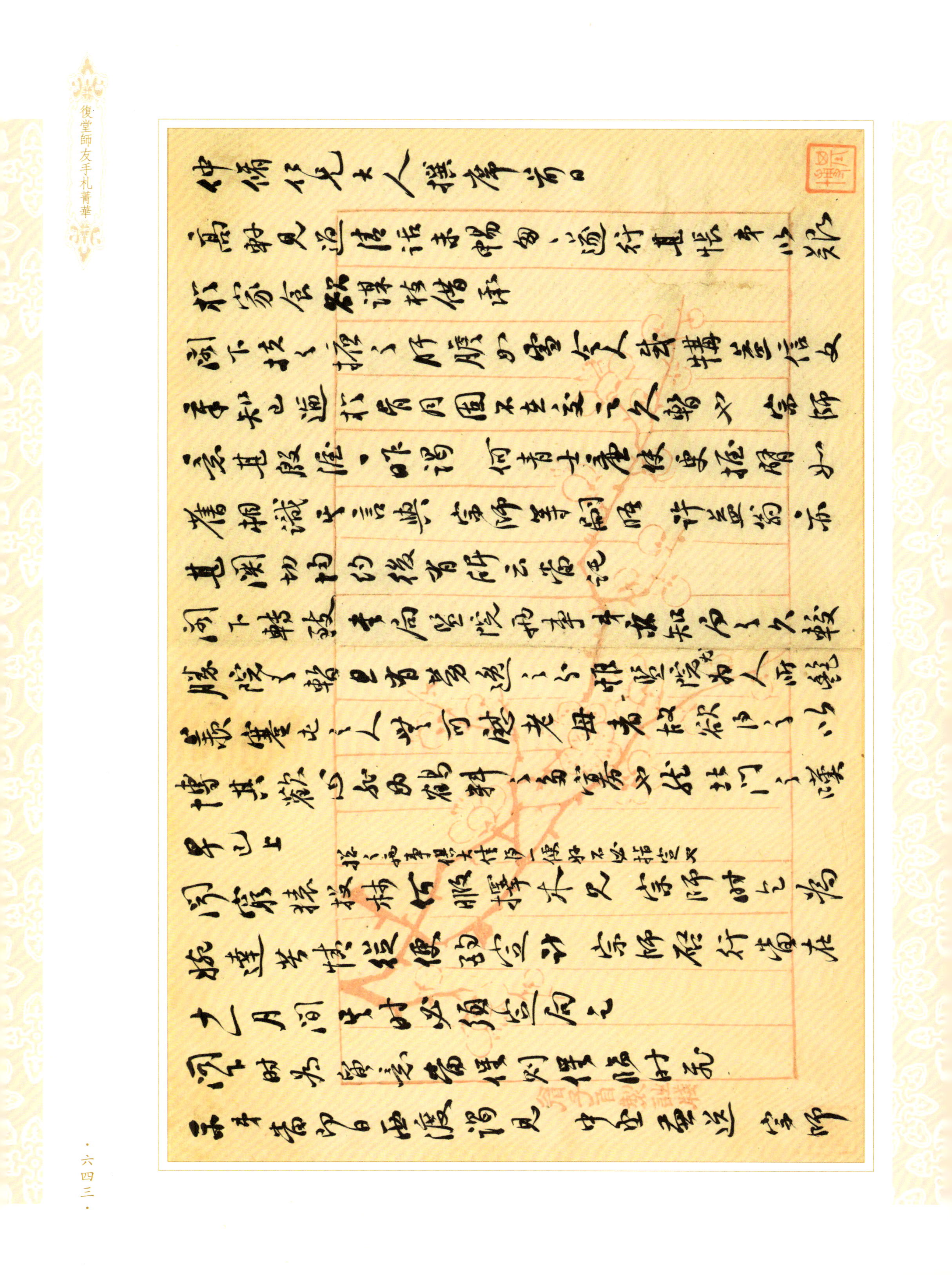

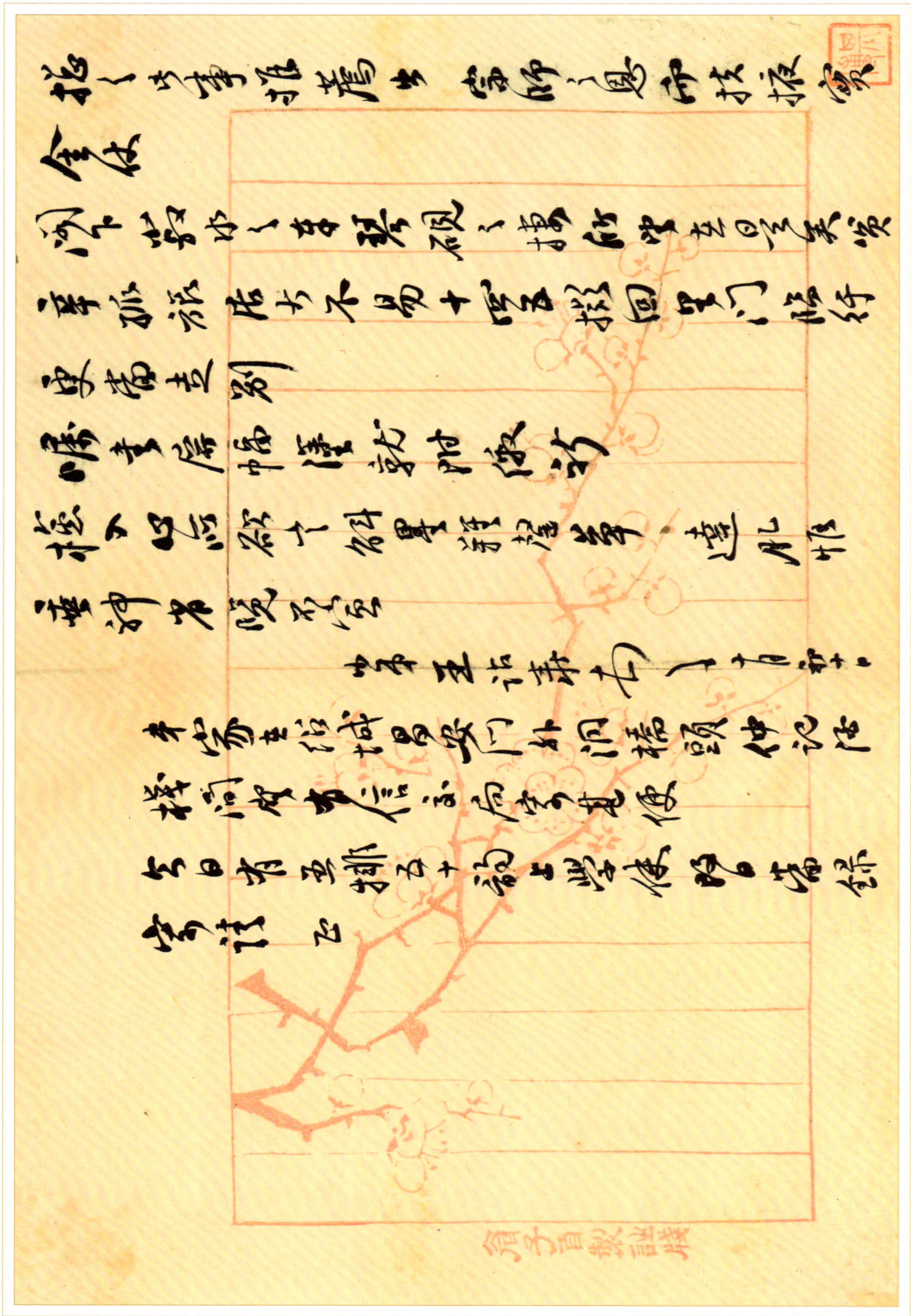

仲儒我兄有道數年阔别無限相思去冬
琴從暫憩聽園值弟臥病里門蹉跌不獲晤悵結良深
歲杪病愈西渡由貴文交到見
賜翰墨餅銀並用愧感入春以來人事淩襍到局後從
頒文詢悉吾
兄近狀平順甚慰比又得
手教承
趙公之服雖與不減往時瑶卿来皖青眼重逢迴憶白
雲樓畔水香庵中對酒清歌連翩夜話吾

雲藍閣製

兄多情縈繫之感，曾以新詞寫之，君莫悵觸愁腸，讀
端文集，昨夜不能寐，得二律，另紙錄呈
正之。省中風氣益變，講經學詞章者甚多，於講經學者名
為漢學，而競為新奇；講書學者擯宋儒疏證為怪誕，雖有
倚馬之萬言，實不值吹劍之一吷，而轉名動公卿，扇摩以為
天下士，吾輩更何從求生活哉。故弟自
兄（衍）復緘口不言文字，既無知音，何煩饒舌，付之一歎而已。又頻
年抱病，意興寥落，家本清寒，兒女為累，往年嫁長
女，宿累未清，前近三年中又為兒子取婦，又遣嫁次女，向

平之願雖勉強已了而吾力既竭債臺益高竟至錐地
俱無琴書亦典自揣此身落莫如是此〻書局必不
能久事多掣肘事〻不願久居於而餓饑不嗟誰為拔毛
飛鳥覓棲終須有樹江湖之食何以為生皖中六朝形勝
文物所聚如吾黨輩來游仗吾
兄提攜之力不審能安插否弟不自料垂老之年處此
困境乃至與三五少年競爭于書院中每一思之慚汗
如雨然文選遺序退實出意外幸係諸士接辦一切都可
商酌渠亦頗有出游之意以所要瑤兼篆既已託友處

雲藍閣製

匡印訂日五十部渠印由渠封寄拜託
撿入手單內頌文相處十餘年臨事不能為之解釋殊深
悵歉於兩其遇事什萬有意為難兩處勉強留此識不如
輕身而退在頌文亦未始非塞翁之失馬耳手此布請
著安 統祈
愛照不一 小弟王詒壽頓首 閏月七日

周深生刺史想當安好在省城否晤時乞為致意

雲藍閣製

危樓獨倚盼蒼茫欲訴衷懷總自傷拘臨難逢揚柳
意鶯肩未說馬賓王青青似水堂堂去舊夢如烟漸漸
忘偏憶與君吟賞處畫簾綠竹水雲香
重聽何戡往日歌相逢可奈鬢絲何清時花月君須
惜愁裏年華我慣過鄉國近來歡事少天涯偏縱
此故人多東風千里應相共輸與銀箏此綺羅

詩二律奉寄

仲脩道兄兼懷瑤卿即請 正句

己卯閏月王詒壽未定艸

洞仙歌　奉題復堂主人摩芳小集　有序

無雙妙品、人疑玉樹之花、第一情天、春滿鎖金臺〻柳、紅綸貼地、串〻珠歌、藍帊當筵、擲〻粉唾、是則詠仙童于嶺上、圖已昭趙女於樓頭矣、加以生少聰明、心還靈比、隨身宛轉、骨是花栽、銀鸚〻詩舌偏圓、翠鳳〻香饞欲綠窗咋神、三年藏豆蔻〻詞、碧暈纖眉、陽生送芙蓉〻譜、愛翩〻〻小史、詢娓〻〻宜人、則有鳳城仙客、鹽市寓公、來從西子湖之頭、為作東風〻主、於是曹黃排日、退歡島中、屢側人來、柘枝〻歷、金谷類嘶、馬識櫻桃〻巷、梅花節裏、紅豆含情、蓮子杯前、黃

縵雅堂日錄

河晴唱，朝呼鶯而夕呼燕，卿憐我而我憐卿，殿有記事之論遊篇一
讀盦蘭之譜，蘼蕪賓墨，題偏素詞，玉署烏絲，鐫來小字，瑤飾
風情如畫，瓊枝之思藻，都真忘可為花月平章，示柔瓣史芳
蘭移儂倍長，訛門者矣，僅以乳瑩甞自守，縮馬不前，自熨戒香
已跡摩挲之夢，以冰綺障，怨生兜率之天，想霓羽而情移，展
霞偏而色舞，姍姍欲出，三疊裊裊安禁，為指紅牙，不是鶯啼之序
未逢緣時青眼，親欲尋蝶跡之春。
櫻桃臉下，展瑤編讀數之，亂紅點衫，綠滿吟箋，佳如花年，紀似盦身
林都寓入小字烏闌詩帽。　鳳城楊柳暗，粉約釵朋，懶聽春風，書杜壤

曲、橋月照幽坊、燈影蛋痕、想吹徹一聲笙玉、把綺瘦環肥細評量、向竹
到梅花、幾生香福、
未算料峭、是花英時候、此裏閒情、鎮換這奈花、遶金犢、柳下銀驄早
又是惜別嗁痕還袖．臨岐還密語、和片銷魂、惹病春生怎禁受、無窮
覓平原買得香紅、笑只有粉郎堪補、又手擘檀牋賦新詩、似書出玲瓏、
東風紅豆、．
翩翩鶼鰈、正江南煙柳、依約箏聲羽衣奏、記銀羅紈扇、紅燭題詩、草情
語六曲畫樓屏段、鬢影如今換矣、清夢分明、撩破禪心十年久、把盡史沈
吟才調如君、料此際提香口、且細梢接細簫為君歌、須識我三生紅彩
暈背、

縵雅堂日録

小隨　王詠壽眉米稿

瑶笙檀板倚闌干拍得萬花啼又作九天鸞鳳響穩殺蘇州情嘯如此江山多情烟柳都入新吟稿十年湖海問君有幾同調 我是研坡王郎吳雲越樹恨不相逢早畫舫明湖腰玉笛安得酒前同倒鷗鷺秋眠魚龍夜偃鼓鬣天風峭一聲高唱通仙亮下瑶島

仲脩仁兄學博見贈復堂詩詞并 示未梓近作率譜百字令一解奉題其後即請

大詞壇拍正 庚午秋中山陰著末弟王詒壽拜稿

八月十六夜偕同人飲朏園有懷譚仲儀陳藍洲俞杉之嶷三大令施均父潘儀父陶吝康戴同卿嬰博

桂蘂流香怯滿屋高館涼風動燈燭天公特放一宵晴移金波雨初沐園林是主儂是賓高秋幾度開清尊肯乖故人盛歲殷般槃結詠琴續彷銀河迢迢鴈飛急露腳斜侵白雲溼停梧悵然望遠去美人何處彈瑤瑟陳侯酣鼓趙荊門譚侯鬢染吳霜新豫章城畔秋風早王郎作令潘郎貧長江濁浪蛟龍怒寥視瑟縮不敢渡何況黃雲萬里寒玉門關外從軍路仗劍長征人未還施子意氣凌樓蘭冷官獨羨戴生好館飯卧看龍泉山飢驅四海名有適因此花、今宵月我欲舊飛身尚羈醉來起舞伴蒼鶴憑誰傳語報諸君昔栽琴樹猶精神（朏園琴木皆壽與諸君手栽）天涯不乏琴臺集可憶林亭月下人

錄請

仲儀先生削正　王詒壽眉子艸

孫德祖 五通

復堂先生函丈：別後又旬日還家，料量塵事，冗霖月暇，即日又續東帆，聽水衣食奔走，自笑還自憐也。命題填邑圖，勉就二闋，別紙呈教。晤紉翁知所寄各箸猶未到，案敘日記云竢奉讀迄，當作也。且屬致相念。復堂二字寫數過，迄不堪用，擬少閒沐薰掬力再書，容續寄也。拙刻必五十册始可刷印，急切物力不能集，請自甬歸謀之，盡臘底必當郵奉。甬中如楊

太史馮學正可鏞贊助學好聚書巡道鐔亦耘亦丁耶
同年近時古文一作手甯守胡練翁經學世家也
尊箸佀可名貽一福竝時多賢賁手通其奧味計已唱
大名不空珍閟切先施瓊𤪥延也覺若尚未有報書握手
柱即可與面要去集渠已承寄示否少閑盍一通問容
慈谿楊縣中德潤書院
惠書及有所寄緘付信局必無參差拙文有勸訓者 續
詩稾亦擬延排比略有生發不免又為冗梨棗漢石滂據

鴻文假留片晷繁之寤寐請得
諾賚速藻是荷須決于廿四日東去能畀日
藏答寄小皐部尤捷不任引領未盡懷懷惟
鑒衡加攝
忠嬰不宣　同年學弟孫德祖再拜　九月十九日
兒子仁述肩者曉濟一於渣從刪畀行卷肅啟呈上屆
屆者有已謝施之之居

如此江山 大觀臺

年來飄斷江湖棲豐臨岂添烘與酒襯襟紅茗鼻眉渌依約

舊時風景重來還看青山鳥啼風山罏許冷立偏青山風夕陽偏寫

瑣影 高閣朱闌閣凭虛秋聲睡懶裳趁羅醒亂鶯藤根

斜穿石罅長嘯空山絕頂蒼茫萬井月滿江氣春帆湖光函鏡

倚下江僧齊恨寒燈經瞑

紅情

聖湖秋曹屏頭見玉珊手書傳稿侍宿遲訪藏樓畫讀寒松閣詞次光作句

題紅豆桐鳳冊詞

窮紈雪色寫紅幺譜細烏絲闌蜜拍向箇邊翻恨年時未曾譯昨

算西湖勝也把三影詞人苦憐算許我身到鄉猶花露絲襟淫

閒立綠雲側又平展瑤編讀斜陽但殘痕以畫外吳山可憐碧為問杜郎錄後多少蕪今寫昔綺唱審應規箇小鬟倚俗

八聲甘州 玉簪花用玉田韻

覓庭秋望隱不斷鬟鬟懶炙銀篁粉闌干外問盤緣縷縷看依青擁免霧霧裏一痕冷月掛釵梁便端詳是誰搔了前度明妝華擬將來插戴怕簪[illegible]偕通入蘭房記劉珠鏤敲斷兩三絕央霧華僊墮碎影又金井瓶寒悵恨長吳霜[illegible]鬢[illegible]拈掐雙簾試此何郎

雲林旅次扇未肯錄年前所見詒詞二闋時偶朋嘗呈堂斧正也

湘月　次壯圃月夜寄懷彥清武林均

別來無恙是西湖月下水明沙淨此夜清輝成獨望悠然瓜皮孤艇草露猶濃岸風吹約劃碎樓臺影故園詞客綠尊應對花眠　多少觴詠蘭亭夢筆敲(?)杯棋壘肯負吟嘗興最情青簾垂柳外點綴吟懷湯俊緣賀歸帆重開酒社鬪取詩幽茲處誇湖樓畔滿湖湖水如鏡

上江紅　次贈吳中落齋均

愁老矣露紛紛鬢鬢欲雪剛賸得錦鱗廿六護詞殘鐵(?)

逦迤南度雁夢處要傍鬟簪葉漫相逢蓬華却為郎紅

潮腮何必訴傷心別且結取紀夕史信把雄衣裝卸了李家紅拂

我已怕旺悽然笛卿須不負團團圓月定兩心印向枕函邊都難

說

浣溪沙 秋宵

八尺龍鬚冷畫屏低垂珠箔護銀釘炕膏添到第三更 深夜

漸長秋夢短移檣偏映綠窗明起挑閑聽蟲鳴

仲脩老哥同年師席誨正

小弟德祖頓首頓首

丁亥秌九余㠯攝桐鄉校道出武林同年
復堂先生方自宣歙罷還十年之别一尊暫同歷數舊游
怱怱如寱　先生嘗摘稼軒斜昜煙柳語爲填圖
用辛叶自題撰奧子二闋寀以書綴末輒次原均奉二
解淪落之感百端交集非止頂禮　書仙致其歆
慕而已
會稽孫德祖

方寸相思　坐泰製

[illegible]諸天繽紛雩雨一齊收拾將太片雲黃海輕齎有
瀉出珠璣歷數成小住仞縷縷姝癯蘋綠西泠路雲泥
漫語只唱遍清疊好聲歷際翠霧涵煙嫘如君者
不信儒冠能誤才論文福還妒三生慧業從天賦待敂
九閽兩譁空起舞閑吟月竊牆鎮江蘭棍土休嫌詞苦
[illegible]小繞孤邨雅嘯落日是我織愁處

方寸相思

生泰製

黯天涯別風淮雨味⿰火悉拌悒徠太條長條短離亭柳
唯有肯塵難數行且住悵瞑起東風魂斷東彎路懺餘
綺語懺侶我飄風露沾泥也好萬古幾蠶嫘辛未後余自署星春蠶嫘憐
身無負到一閒萬誤用炊山詞意浮生還被天妬金門不夢淩雲
賦彎髮又縛君謙吾發齊算幾輩文章事業同抔土謂芸閣蘭
當諸同年瑟酸雁苦何許有殘楊淡煙落日好覓倚闌處

方寸相思　生泰製

沁園春

武林榆園初名娛園許君益齋築以壽其太夫人者君既奉諱齒踰不毀矣因更今名續爲榆園今雨圖凡賓主六人沈君蒙叔既與余有文字之契與譚君仲儀張君子虞則余同歲生也歲在乙丑八月既望又六日余以事信宿復堂許君寔來以是圖題先是余嘗獲交許君登堂拜母一再讌集是園不能釋舊遊之戀今者子虞方官東國蒙叔又臥病不出而是圖丹青妙絕叢見佳士偶一披覽如與故人挹襝語笑輒譜此解用寄遐思兼請仲儀正拍圖中唯餘君蹤迹少疏許伯子亦未經識面殊想望也

三十年來第一名園許陪後遊記德星聚處人來問字戀雲禮罷能堂署容憂壇坫清時江山文讌健叢東中吟嘯儔幽篁裏待論友聲紀問訊羊求 迎眸歷指縱頭肯絕妙丹青名蹟留仍饗君眉宇譚語疊欒格沈郎才調疊緒風流譜樹情濃歲竊盟杜晚節勞勞當棨烋吾猶應應水邊林下容我夷猶

陌上箏 余自戊辰計偕北上中更辛未甲戌看花近局同諸爲勝蘭當嘗遴佳品繪紈扇尺幅十二幀、
復堂先生既分繫一律命曰羣芳小譜又彙之紈扇歸寶選掌珠二十年來 先生方務于
宦遊遠還掃陶徑女公子則嶙峋種垂髮倪滿肩矣比已省覲與此扇偕 先生乃裝潢成卷俾
駐肩塵回憶年時等讀縣車先而不樂今茲舊人唯何戡之尚在辱徵題句漫賦此解時則
光緒紀元之十有五年秋八月也

心頭眼底由來難忘去 帝城春滿紫陌青驄驕有寶樓中塵軟鏤紅翠初千
箏笑費煞東風鞭節記得芳載酒品題香色絲箋裁編 儘曇仙打疊
尚賸金粉寫上生綃團扇水逝雲飛不信歲華婾換種箏一度河陽太舊
得廿年詩卷好江山故國白頭林臥醉吟秋苑
過聚慶 樊榭厲徵君既中秋日內姬人月上奚虛白爲作溪慶延月圖余同歲生諸遲近藕近歲
與汪君子用同官鄂渚補作此冊己丑秋中 樸觀于復堂旅次漫題屢方

聞道書仙迎來纖絲，正是月圓時候。嵡嵡嶸嶸，啾啾膠膠（用徽君坐天樂樓吳山望亭江霧雲句），合與美人廝守。今古大好谿山，唯有涼蟾慣依。紅東弄多情，情鬢屬一（平）般，腸斷馬騰驚擾。從聞訊水眼山眉，南湖月在（武林門外為徽君月上借隱處）。覆罷伊取楚竈，依舊纏扉翠鏁。香唾珠沉，應是幔羅寒透。誰依舊月青樓，擋百疊烟波千層雲岫。膽心香一瓣（辛），商略豪蘇膩柳（吳兄嘉爾徽君長短句聲調律叶，骨秀神閒，當于豪蘇膩柳外別闢一席）。

右書三闋寫呈

復堂先生教正

德祖

西泠書客數咸同交彩風流想象中大好湖山新
掌故雪泥曾是印飛鴻
為訪奇書憣破關洞天我欲字嫏嬛偕讀明波合寫
飲虹景替在名園漾水間

水石莊閒鑑曲株數雲曾署讀書樓未緣階得龍眠筆任取杭州傲越州

會稽秦氏娛園乙丑余及陶子仲彝讀書處也有數雲樓爲余手題嘗與翁眉朱幼眉子縝諸子結吟社其中焜燿名筆爲寫舊游今則咳歎之侶淪亡殆盡譏諸君子獨傳勝蹟矣

乙丑莫春會稽孫德祖自湖州府旅次寄題

黄以周 四通

仲修仁兄先生閣下：告别十日，私篤祖生，斷手所叢詩結采葛。前從岱山書院商之家東發先生文潔公。先生本貫定海（今鎮海）之靈緒鄉澤山，後徙慈溪。宗正餓死於寶幢，學者私謚爲文潔。寶幢去澤山數十里，其後裔居澤山者甚散。周訪之，不得其人。居慈溪山北者數族，頗蕃盛，聞有能讀書者。敬宗有鄭宅二支，非其裔也。吾四明講學以淳熙四先生爲宗，著慈湖、絜齋兩先生爲象山高弟子，才學名位皆足以振動一時。廣平、定川兩先生師友朱陸之間，學之純正過楊袁，而廣大未之及，其學遂微。文潔生四先生後，力崇

朱子日鈔中多斥心學語，並說經傳諸時事，又不及至建安實
事求是之學，而於此見兩一孔之儒，轉以是少之。婺中四先生從祀
獨遺先生，謝山先生進謂儒林之月旦亦有未平。先明經以立
陳學使慕黃堂與慈邑士子議請先生從祀兩廡，事中沮不
克，請後嘗慨之。周致元至正時，雲從學士嘗建澤山書院以祀
先生，今祀已久止，甚莫覓。吾邑岱山有蓬萊書院，創於宋之中
葉，度宗時先生為史館檢閱，嘗為之記。記後圮於元，重建於明，
明末又圮。今岱地紳士邱某方某等重建蓬萊山書院，并請參

㮚共十有餘聞商議中㮚奉祀文潔恭請

學憲大人重為之記為具事之始末及学案本傳以 閱 順請

台安不旣 己巳八月初九日小弟 以周頓白

黄震字東發、慈溪人、學者稱為於越先生、寶祐四年登第、度宗時為史館檢閱、與修寧宗理宗實録、輪對言當時之大弊、曰民窮、曰兵弱、曰財匱、曰士大夫無恥、乞罷給度僧人道士牒、使其徒老死即消弭之、收其田入、可以富軍國紓民力、時宮中建内道場、故首及之、帝怒、降三秩、即出國門、用諫官言、得寢、出通判廣德軍、郡守賈蕃世以權相之子驕縱不法、先生數與争論是非、蕃世積不堪、疏先生撓政、坐解官、尋通判紹興府、獲海寇、僇之、撫州饑、起先生知其州、多善政、遂陞提舉常平、和常平有慈幼局、為貧而棄子其設、久而名存實亡、先生謂收哺于既棄之後、不若先其未棄保全之、乃損益舊法、凡當娩而貧者、許里胥請于官贍之、棄者許人收養、官出粟給所收家、成活者衆、改提點刑獄、御史中丞陳堅以諸其言、劾去、遂奉雲臺祠、賈似道罷相、以宗正寺簿召、將與俞浙並為監察御史、有内戚畏先生直、止之、而浙亦以直言去、移浙東提舉常平、時皇孫大父福王與芮判紹興府、遂兼王府長史、先生奏曰、朝廷之制、尊卑不同、而紀綱不可紊、外雖藩王、監司得言之、今為其屬、豈敢察其非、事何自居、後壞其法、固不拜長史命、進侍左郎官及宗正少卿、皆不拜、嘗師王文貫、其語合曰、孔聖學之書不可觀矣、益之讀史不作可也、居官恒未能祀焉、二三子之決、自奉儉薄、人有急難則周之不少吝、所著日鈔一百卷、宋亡、餓于寶幢而卒、門人私謚曰文潔先生、先生本貫定海、後徙慈溪、晚年自官歸、僑居定海靈緒鄉之澤山、榜其門曰澤山行館、其室曰歸來之庵、先生沒後、其子孫多居澤山焉、澤山本名櫟山、先生改名焉、元至正中、學者建澤山書院以祀之、

右宋儒學案本傳

蓬山書院祀成、新録稿以示。〇〇〇〇〇

仲循先生大人：昨得
手書，欣慰之至。我二人老境日臻，本屬事
理之常，年逾耄耋，不爲壽亦不爲夭，亦堪
董理舊業，專用精神，以待天年，斯已矣。
周於去年屬有瞑眩之疾，今年稍瘉，又添
子女之累，内火頻發，外兼酷暑，自六月初
以來，日夜揮扇，并不能理舊業，詩草前又
十以外，譬録如稽，可笑之至。周 前所校書

林不及周耕厓青此條公論菁翁如有袁
刻意林不如周本爲善如以周所校亦有可
採不必鈔副仍將原稿存菁翁可也惟所校
意林卷首有周序文一篇敝下寄我以備采
入拙集拙集凡二十卷現已纂成惟子敘一卷
尚未告竣又前所輯意林逸子二冊稿本亦在
菁翁處前輯時未見嚴鐵橋文目所遺必多
近汎覽古書屢見逸子之語檢之嚴氏文目

亦多失宋且嚴氏衍博未及精改後人誤合兩書以為一人之作希將周所輯意林逸子兩毋先為擬下僕周將隨時增修將成錄稿本先行梨布其與嚴輯同者亦行删去為嚴輯書廣雅書局已為全刻無須多費棗梨也禮書通故紙須多覓求隨時指教或可修改所刊書價無須局寄來至荷先生於年内能早歸否頃周將挈眷回杭相見之期尚不遠也南菁

書院今年增設古學院長所聘林君莆曾問經於我性情學問頗相投非善談詩文觀世所作與周之不談世相去亦不遠咫尺而已近年周之精力日衰書院教學恐有日替之憂此信敬請

道安

教弟黄以周頓

來青先生願學諸書敢壁以後林某用不及

仲儒仁兄大人閣下：去秋會談數次，略陳所懷，終嫌未暢也。周近來精力日憊，須之蒼者變白，牙之動者漸落。先君說經之書，秋間可望刻完。所著禮故，近亦刻得數卷。自知衰老，不能復作考據功也。所委刷印經解續編數種，共計卅一本，希爲鑒收。其紙印之費，每本周已應付，兄可不必問也。敬請

著安

小弟黃以周再拜

仲脩先生仁兄大人：久未得書，懷思時切。比維
起居安優，當如所頌。弟不到武林兩年有餘，滿
擬下月初回省，面叩賜談一切，不想冬月九日姬氏
逝世，幼孩纏身，又不克行，會晤之期，當在明
春時矣。去秋曾託馮滌齋（湖北巡[illegible]）轉遞禮書，通
故政部來，蒙賜言，想其中紕繆滋多，有不
甚於褒耶？抑馮滌齋竟作洪喬耶？弟前
曾為許邁齋校三百林，又輯邁子數卷，稿本在邁齋，要

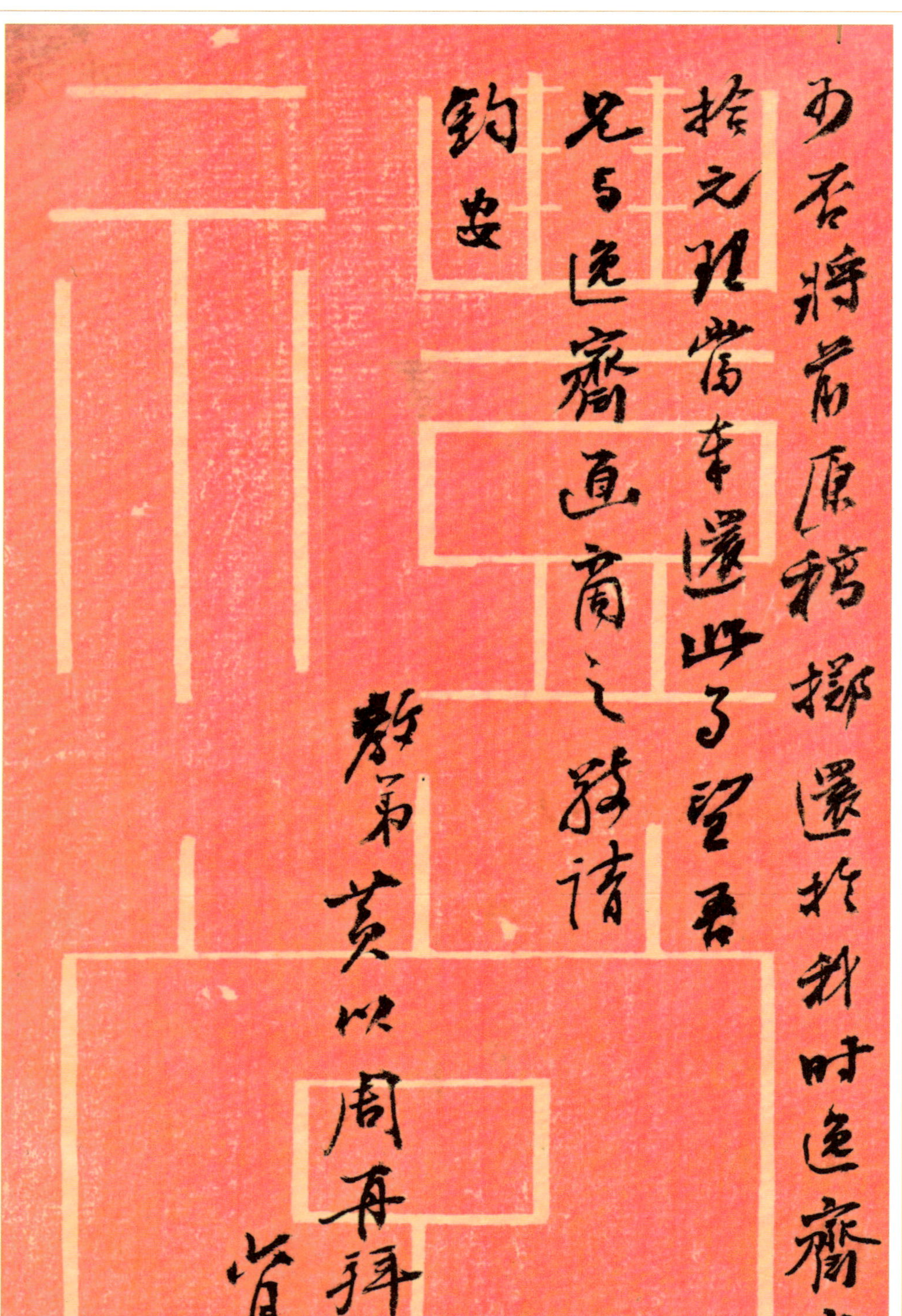

兩吾將前原稿擲還於我時逸齋出寫工洋
捻之理當奉還此了望吾
兄与逸齋直商之爲請
鈞安
教弟黄以周再拜上
肯着

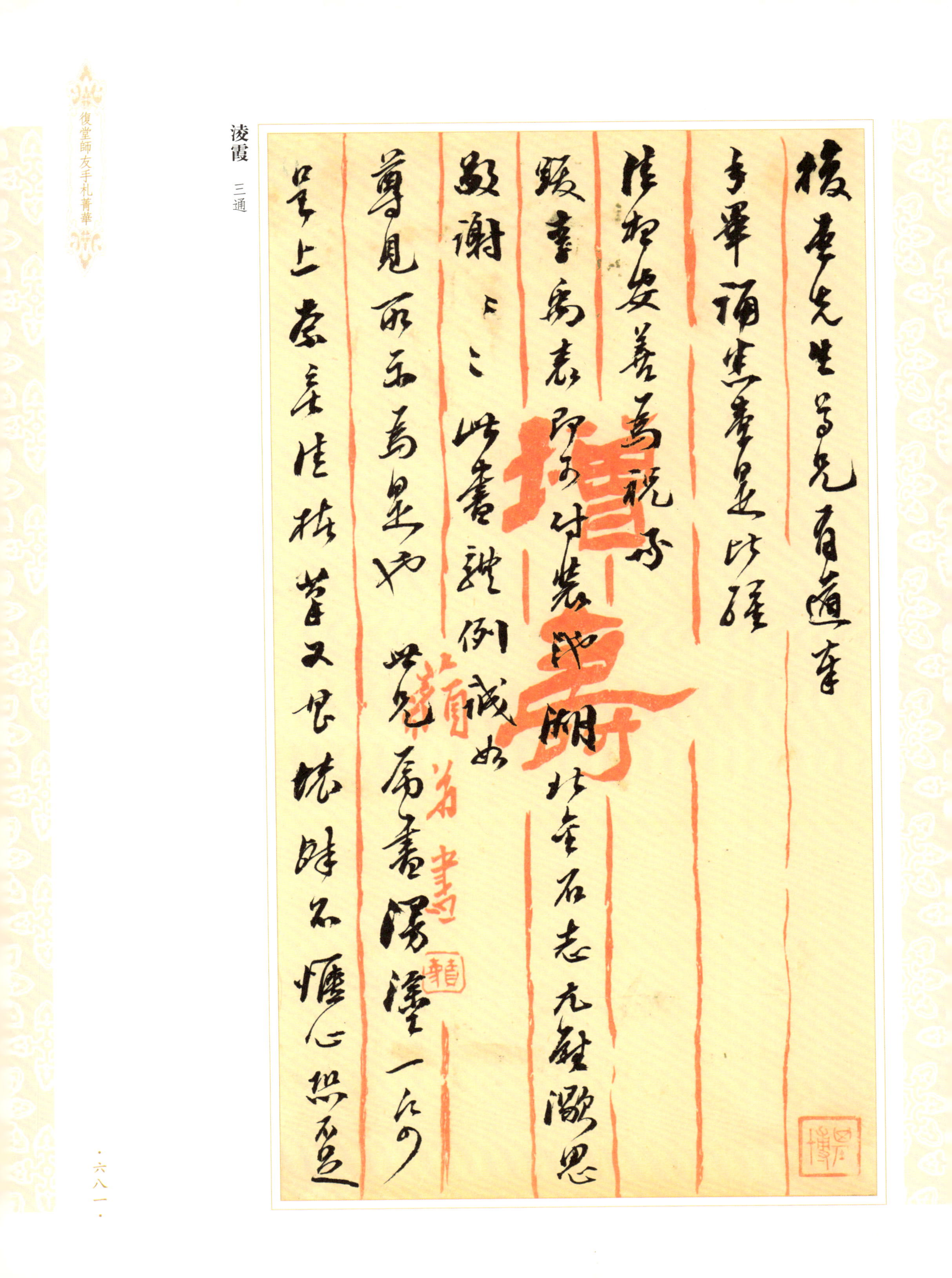

淩霞　三通

補壁耳。弟日內擬旋邗一行,不過白門向

留即返鎮江。大小兒仍在招商局海晏輪船,次兒以

未就,由皖岸督銷派至旌德縣屬幫辦差

使,尚是去年丁觀察所委者。三兒在家讀書,一

切程未來書內嘗

詢附及。天時嚴寒,伏惟大哥

珍衛。

少弟儀震頓首

十一月初五日

增壽

補翁書

西河之痛，黄門之戚，悟邪？善自達觀而已爲分。詢及吾鄉丁氏藏器，今甫查得録目奉覽。洪穀成太史撰繫説文校議之末，後曾有跋，

辨其意。大庵山號其刻，蓋手經手寫樣者也。

承惠爲感。藏禧不

起居不備。小弟復頓首

月十九日

九華主人作

復堂先生有道
惠書兼領書具前以念雨返則驕暑伏維
順時衛為祝精神為好而積習未忘仍鑽
故紙亦所編文集為樂也近得朱衣兩解字為
聊自遣食耳何但蓋於肉力學代農長日秋讌賦
充為未著書但不知用何說文理董殘稿汔
已殘窳不能付鈔前命小兒手錄前稿八卷僅得其
半更須弟自補纂勢雖急就完成後必當寄

鈔四卷寄奉。前函詢及楊叟所刻四卷是何

卷數，免致重複耳。嚴氏校議已照朱批付還，亦

思每求

函商穀成太史，伴叟既不擾樸，倘可見寄，弟處

職還寄資，并伊自行留底，則請寄到後多覓寫

手刻行，寄還，因係清本，當易爲力耳。包裝一四書

不勝感盼。請

道安，不具。

星吾暇見當酬以碑已鈔刻否

世弟制懷霖頓首　六月初九日

俞樾 一通

仲修先生尊右去歲至杭未謁一客但于
廉訪署中小住四日至西湖一遊而已
德暉在望而不奉謁疎懶之辠如何可言
乃辱
賜書不遺在遠且有顧學之稱不敢當
不敢當 樾自幼失學于治經不識涂逕
中年無事惟日讀書先儒舊義有所未安

竊不自量妄有論說歲月既久云云遂多既已作之不忍自棄羣經平議已畢工于杭州諸子平議謀續栞于吳下詅癡四方貽笑大雅甚無謂也黃君元同和甫同年極所激賞昔歲書來曾述及之所著經禮通詁先覩為快其先德薇香先

生論語後案如尚存有印本亦望寄示局船寄蘇甚妥且速如尊處不便交臬署亦可子高仍館金陵文碼局今歲曾兼書局李少公羽移尸書局中輟甚望曾康來漫興之也鐙下西復候起居不盡萬一

愚弟俞樾頓首

宗源瀚小傳

宗源瀚字湘文宋代宗忠簡公澤後箸籍上元幼而穎異讀有用書不治治
於章句粤逆起居恒叱咤思自奮由嘉善金按察安清方筦江淮軍精公
負佐之時有巨鼎比按察中蜚語被逮潛督使者詢稽恐獨羣僚匿影公
獨詣對文簿出入要領具在使者無以難按察事解乃撰海陵義友記以
章風烈聞者歎慕物望所歸諸大帥交章徵引積資薦知府乃之官浙
江權守衢州補官嚴州再三移任先後蒞嚴五載嘔煦山民若父子穿渠
溉田引東西湖以泄新安江之奔怒既劑旱潦疾疫亦不作方春時簡
從行田柳旂掩映下車與力穡父老相慰勉兒童戲笑於塗忘其為長
官治課第一乃移溫處負山面海、路廢至豪猾弋鯤化為安吉利頭
事主交括勢交關公絕不通乃布流言公抗章上南北洋大臣戈愕咍
挈婺浮海去西人目之為迂客歷官五郡三舉卓異人有三異太守
之目已陟道班署杭嘉湖分巡光緒甲午日本事起海上震驚廖巡
撫壽豐倚公守圍奏補溫處兵備道慎固應變為之白疆圉以是
體貌日瘁移疾歸不報竟卒於官為光緒二十三年七月年六十四
公用世之才而未竟其用中年以後與子若婿閒居坐論縱橫史事特
感大時艱僅僕尤究精地理上會典譔浙江輿圖公實主之遺箸
有頤情館集金石書畫題跋已刻者為聞過集十二卷右文學錄
一卷

右錄譚獻復堂文續宗公通奉墓誌

宗源瀚　一通

事偶一涉口，雅意老夫，氣於其中者，亦
不能道其隻字，洵可謂絕世之才，孫乞
得西園一書，以上禱香帥，洵非香帥不至，
以靡麗而普越之第一人乎。鏗公之例，
不意遂形歐苕生久慕。
盛生為我一言，
執事相接之下，必能見曉其所以
拂拭愛護之者，無待鄙言矣。為我贈苕生
詩二首，并以奉
教，祇請
著安，不次。　愚弟宗源瀚頓首
再，弟奉檄設浙江通省輿圖局，須博訪工於繪之
人，浙中風習此藝者
如事意，其有其人否？曾與館縉式看圖否？方墨之格準至壹一百
餘應照圖十里之格，南北祇十方，東西祇十四方，幅員較大之郡甚
難措手，鄂中亦有文撰如何翁耶。

武林陳氏宧藍閣藏

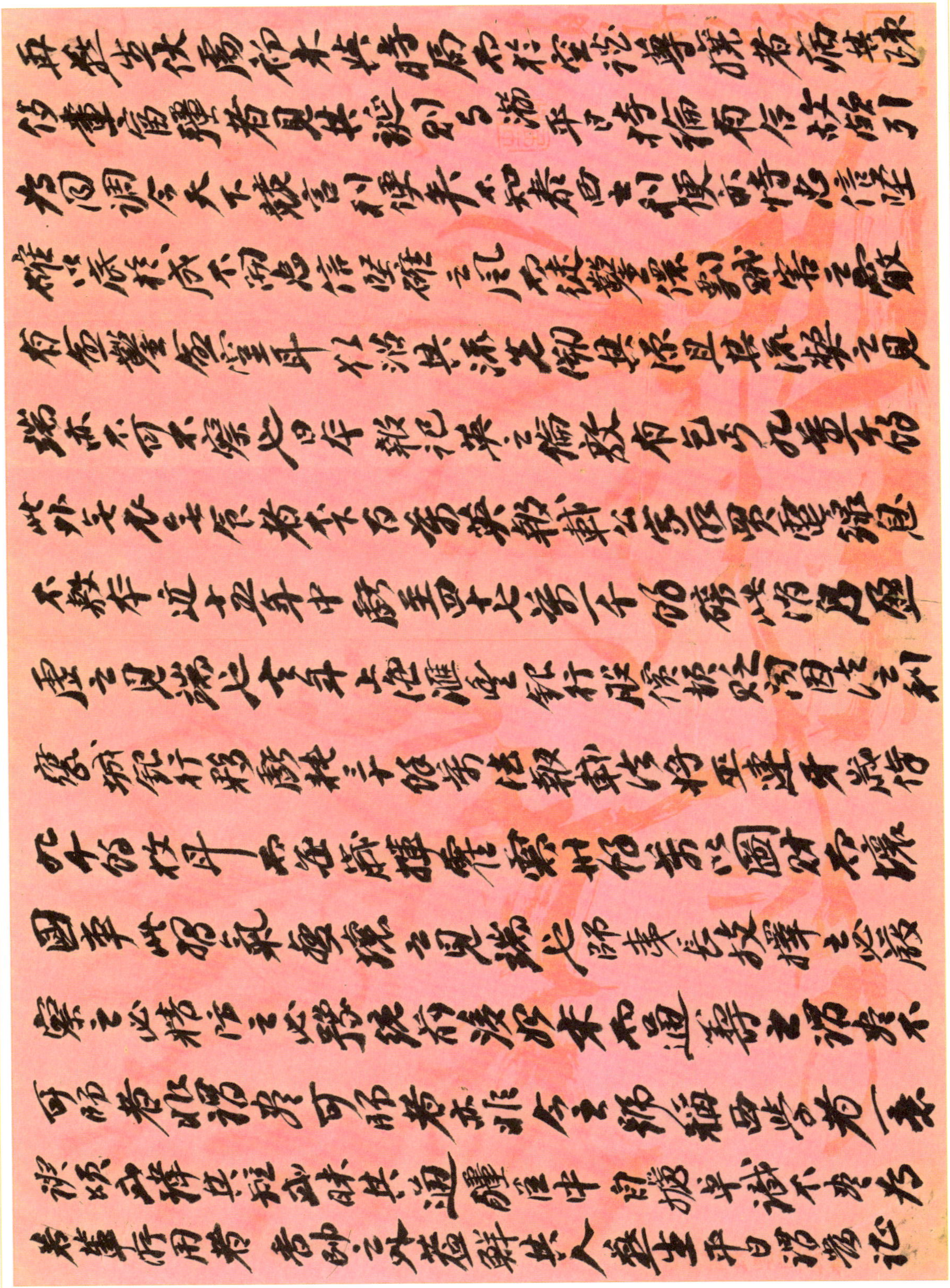

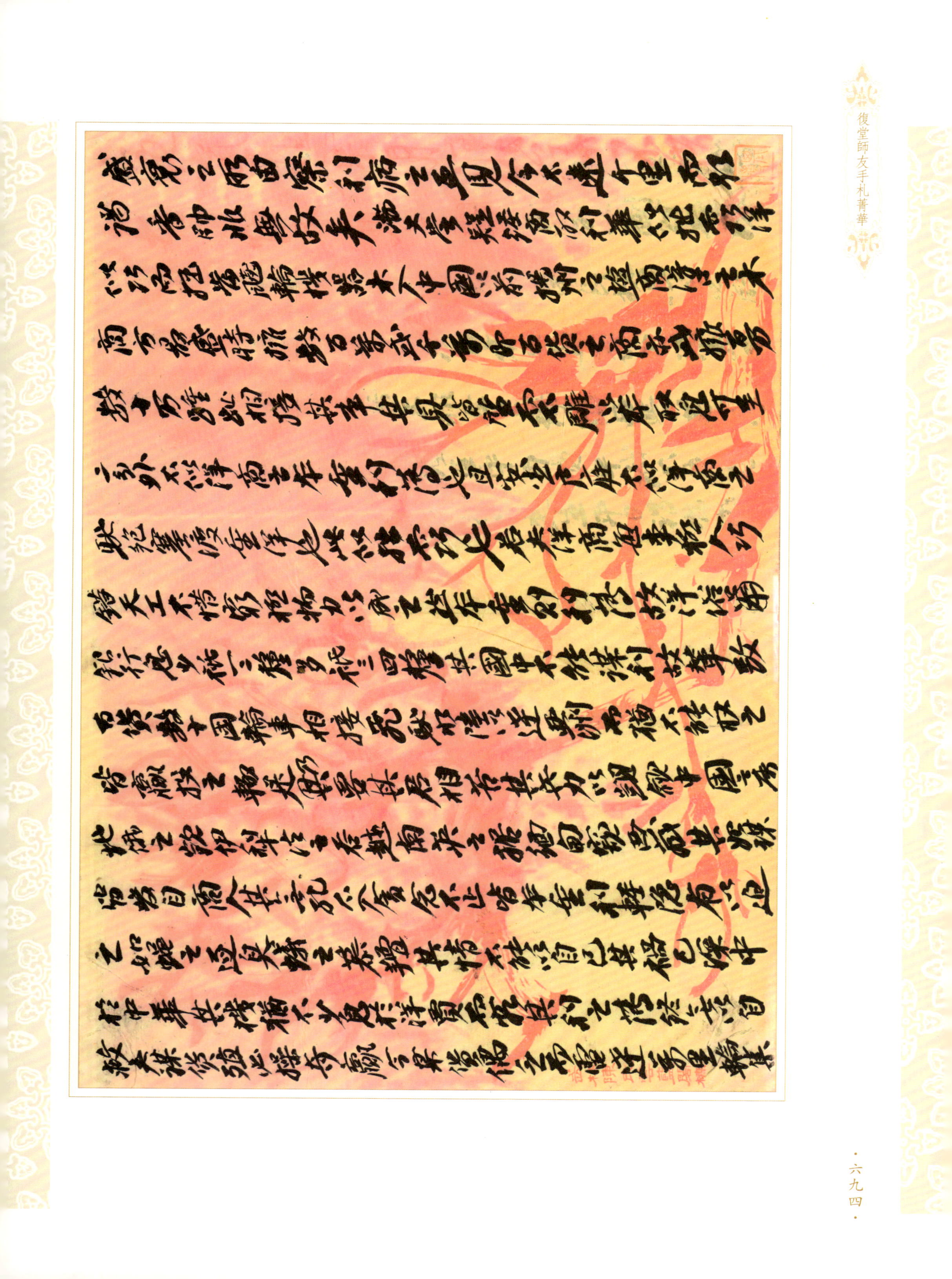

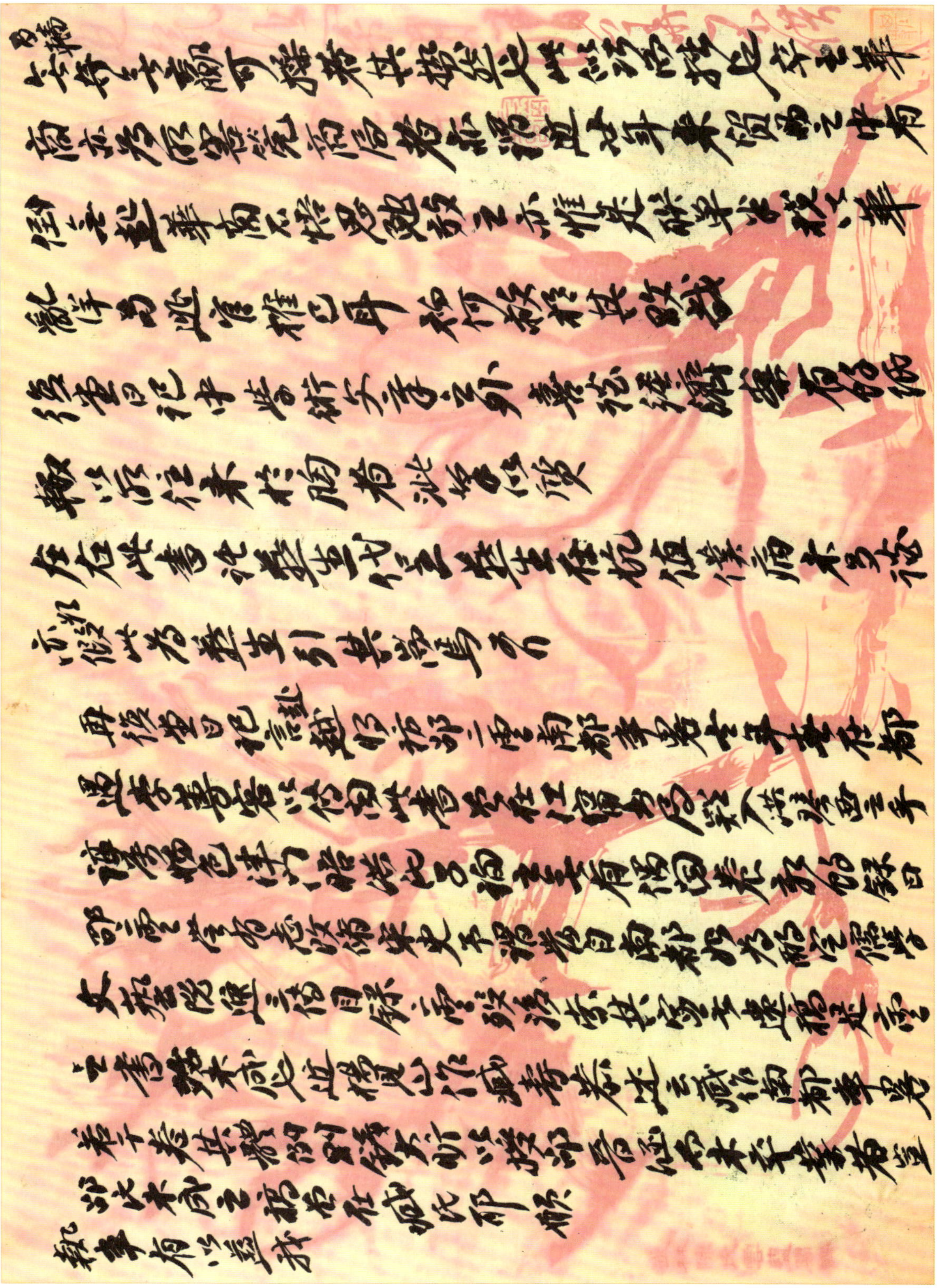

瑞安宋燕生存札自言其所學不依漢宋不落周秦
杜著書而恐犯古今之諱甚或見嫉於鬼神又曰高談
尊攘無非三行起講之能波仿畫富强不出一紙新
聞之套語其雜載詩云可斛明珠買麗人馬頰車殆近
風塵細腰高髻成羣算皓齒明眸等鳳觽其言皆
不可一世乃作詩以張之若曰張之即以勵之叫非余所堪也
怪底才難戮古初九州强半飾虛車文章使之前
塵早識力騰騰絕頂能積萬智周瀛海志子高心折偏
習齋書魏部陽全自稱積我國之民法清戴子高集中最推服顔習齋甚生謂泰西學校之制於習齋為近大全以至通編之州澄盛稱之
由蒙利病之盛見折衷畢竟湘鄉大黃派歸涯總不如
不諱時髦不守迂不須域外不疑儒早成絕世驚耳
少晚化欲波矣老夫曰上雖黄綠蘊藉眼前黑白未
模糊岳鳳萬里尋常事珍重輪輿大雅扶

仲修先生尊兄大人正

弟宗源瀚初稿

武林陳氏雲藍閣構

莊棫小傳

莊棫字中白，江南丹徒人。先世業鹺，家揚州。生長華膴，少即以產讓得部主事。旣已而商綱改，家益以一夕毀頹。擇性醇粹，讀書好微言大義，口吃，善言名理，學通易、春秋、與冠諸書，以董子繁露為師。咸豐五年遊京師，以貲絀不得上，旨待試京兆，居蕭寺中，門多長者車。歙程君顧亭林祠下，遂稱知己。一時結道義交者，李汝鈞子衡、楊傳第聽臚、易佩紳叔子、吳懷珍子珍也。四人要盟。天津縣王侍郎茂蔭、謝而桃源尹侍御耕雲建言，君皆參贊之。於是投書時相，言甚激切。桂林朱給諫琦規以出位，君感其言。後有哀憤，則託於樂府，曰詞。其詞以寓意為宗，倚聲為長短句，皆是物也。南北往來，欲有所成就，連蹇亡聊，兵間轉徙益困。徐溝喬恪勤公欲用之，薦改府同知，君不習為吏，謝之。江東既定，大府奏開書局，延方聞士，君乃謀淮南、江寧校正群籍。惟曾文正公歎為異才，始然敬禮之。時老宿舊則丹徒柳興宗賓叔、則德清戴望、儀徵劉壽曾、桐廬袁昶，皆喻君學術，他人不能也。治易久漸通歷數，益信緯候，第以心力衰於奔走，未能，亦必知其意而已。曾公薨，遂倦遊。光緒三年七月，訪獻於安慶，論窮三晝一夜。年未五十，諄諄言身後事，獻默訝其不祥。明年竟病歿於家。平居寡言笑，每日暮亡人，獨繞庭階百千步，或顧景自語，家人莫能問也。遺書皆手定，有周易通義十六卷、易緯通義十卷、東莊讀詩詩記一卷、靜觀堂文十八卷、蒿菴遺集九卷。長子端辰後君二年死，次子孫辰能讀父書。

右錄譚獻復堂文續亡友傳

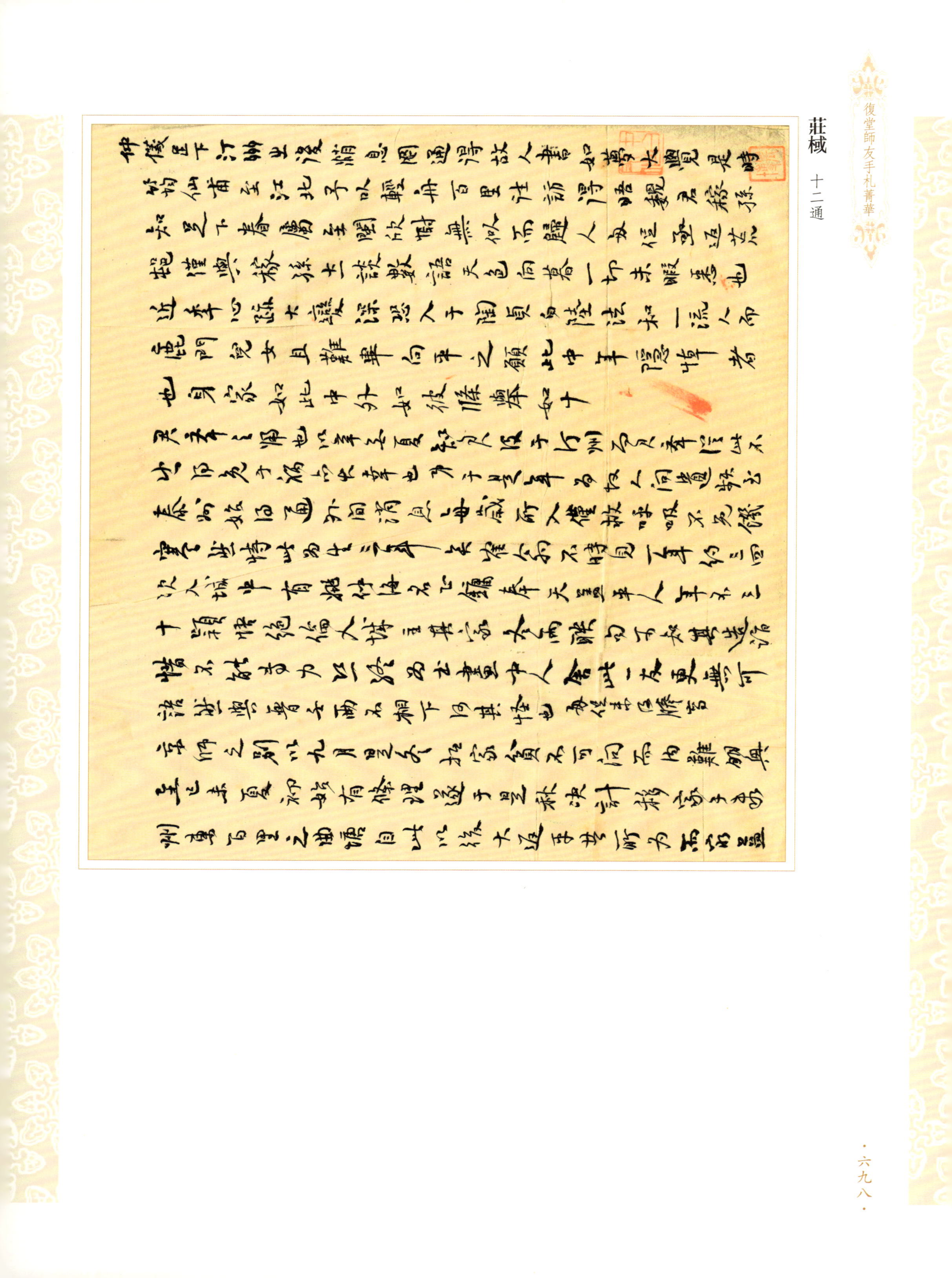

莊棫　十二通

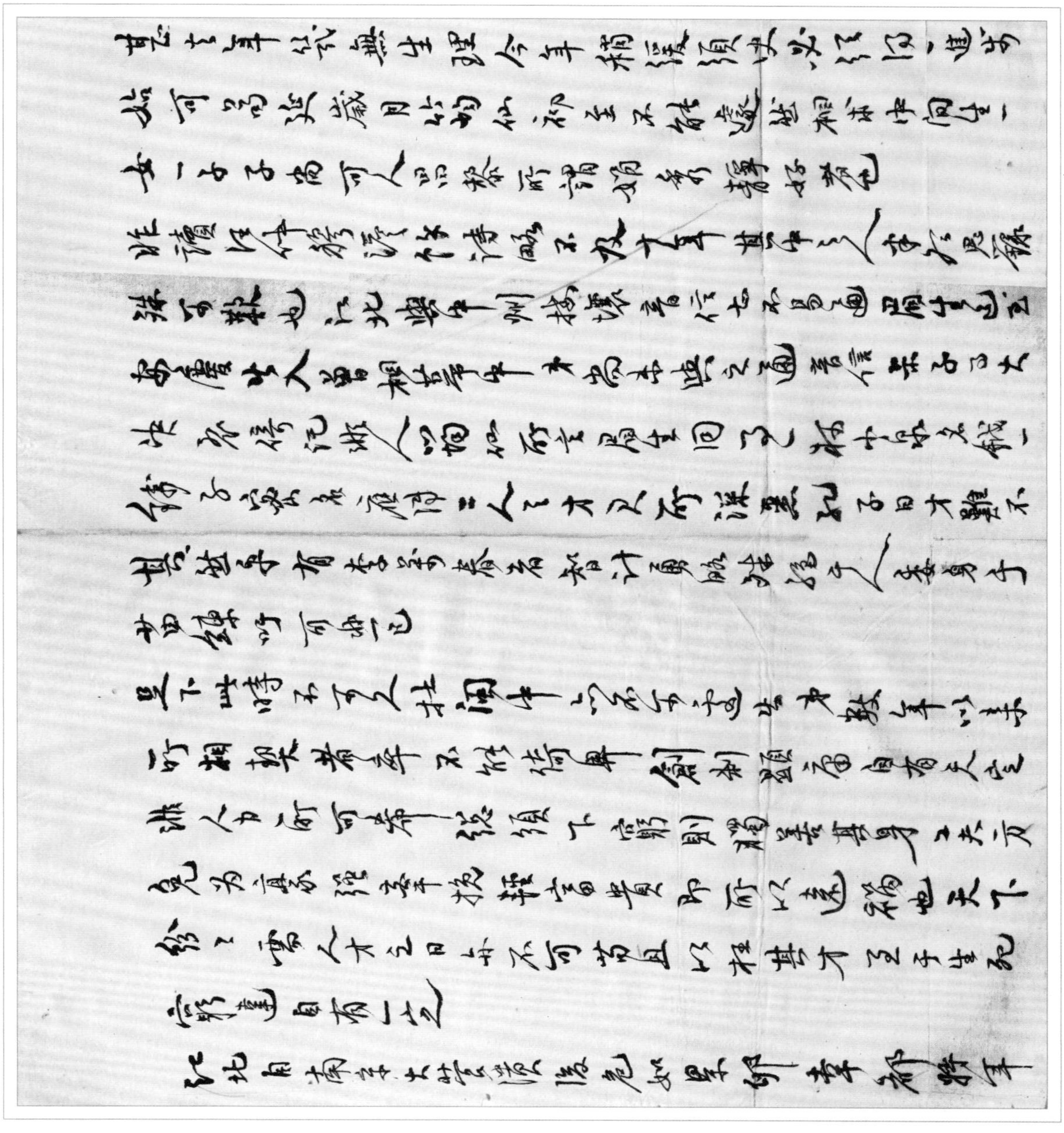

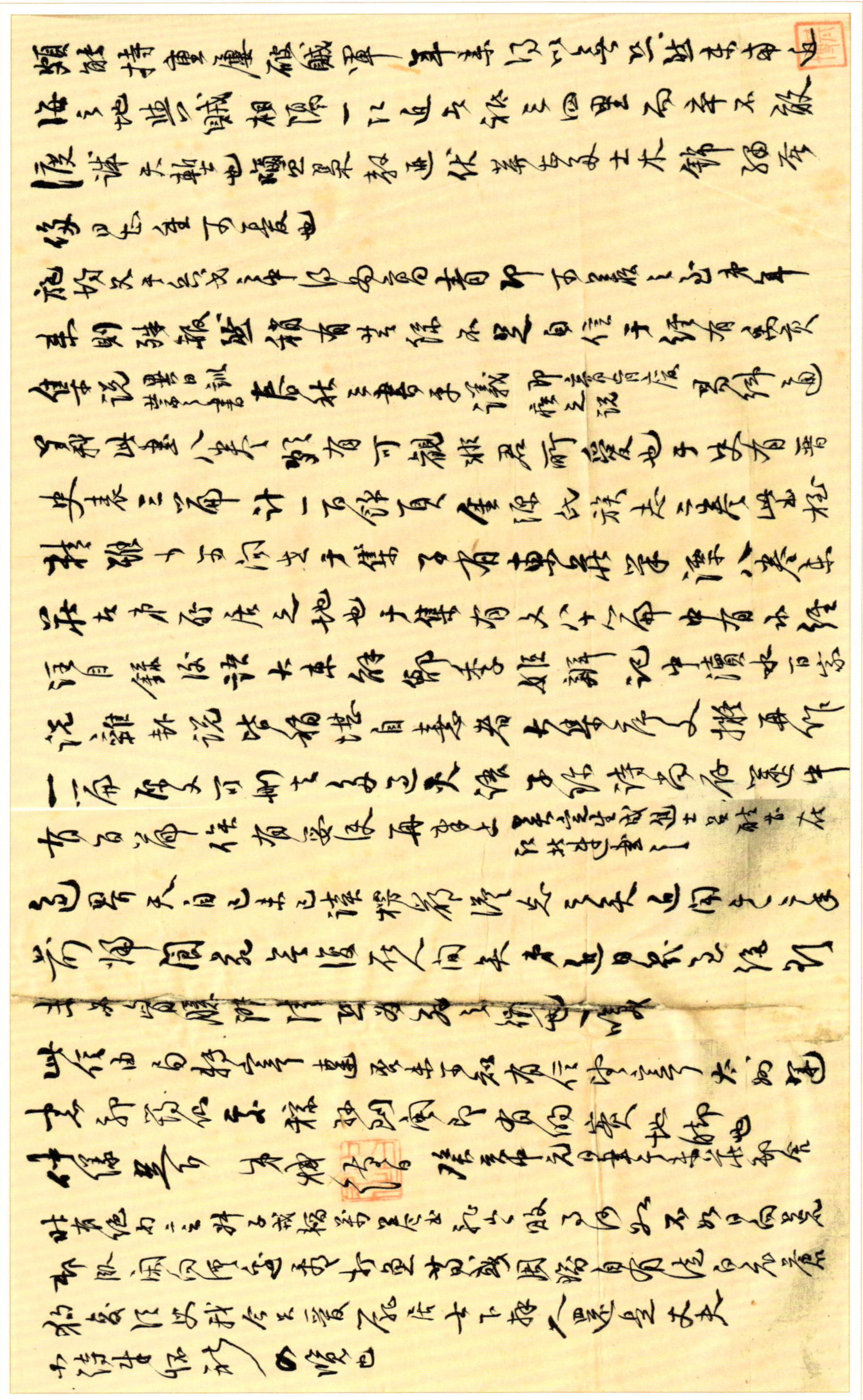

仲脩足下：九月間在村廬，由爽秋遞到手書，何其優游也。吾輩年逾四十，所存者未盡之心血，至子之能成立與否，又遑暇計哉。兄之長子年十六矣，周子有兄，無慧不能辨菽麥，雖不至如此，然一無所能，可想而知矣。次子亦非周子也，特以其今年入塾，讀三字經、大學、今中庸，問其手周南、召南、唐詩五言，皆諷誦上口，然如我輩，尚復茫茫貫。年甫六歲，成人時亦將六十矣，以奉報兄輩，不足掛懷也。至於三多之詩，甚不能然，捧檄奔馳，日謀升斗，下條備信，終歲奉裘，即信到，望可為擬寄尺寸者，詎得須之手。依遠遲侍蔓

術丈親家下雖有千篇腹中無多一字記得讀之書多能得富貴
以作階梯讀之之途莫何足讀又之今日當世直以為可不讀也此不
論也人苟有可取好加以新責蓋知牛犬之性易可責之矣記得
讀之人未至於地為益傷心我朝自
乾嘉時拓土開疆可謂廣矣今則門戶之間腹心之地無遠人
共之矣此實中外談者太息也雖此議論舍君亦無可與語者
輩有科場不科場事信不日之不日日有命佈日近隨一年之
消遣之法開則大柵欄茶館再閒游亦無多外事章年寄湖長

精神不衰奇矣許由復生之咩三皇五帝聖聖相傳至帝王之中
易不可者惟大易然歟知強死生乃翻思置子之傳實承長樂明
素文之與其子并列二篇本自相通天人之理一貫王羽詮心篇也
境之外故然清夜所思聽不懈矣今相先生今年於何為字
中病生能為我友 月尺掌聞來一紙相阻未得修文清上與人
問之為然者來一課而也 兄數年居持依人一無所得亦不命所許限
可乎生意氣今則嗒然家事交之間其將終身于潢瀛中
來人不日可見矣 頌承 祉鬯之中 抒衷也 此不日頌頌 新禧

聞　天下治平久矣，曲突徙薪，尚未思得。况諸彦之丁時手綫，

謹此乞爲畢一以生平緣章矣。郵遞往來不難通音問之

新何。

您如言而請賜於不隸，熟念之至，手爾順俞

近安。

兄撫之何

十月廿六日發

仲修足下九月二日得來書知有尋蟫之喜四十之年得此良足慰也然僕女子之嘆
否正不可知我輩之作人非至即美斷無中立之理此中消息默有微會諒不以
非甲子以後可理一夜外面所有大要氣象則觀場固分中事下第者寓塞有時不
足計也天下人才眾矣我不足語足下在第一流中亦由于天資超軼非陸等尺
寸可比至于聲色之奉好則為之不好則難之然以我而論終于從此絕不
生一波由天為之非己之力也群芳小集先睹為快我則終日閉門思臥啖無不
出戶庭計一歲之中村居約得五月殊滌衙無偏得至一二知己放之高論恰任
揮毫終古今往昔性情神采不減往時談以然者所具閑而正取他日生
諸鄉里無有偶作小有作為不能不留以待雖然老矣終于臘下亦不

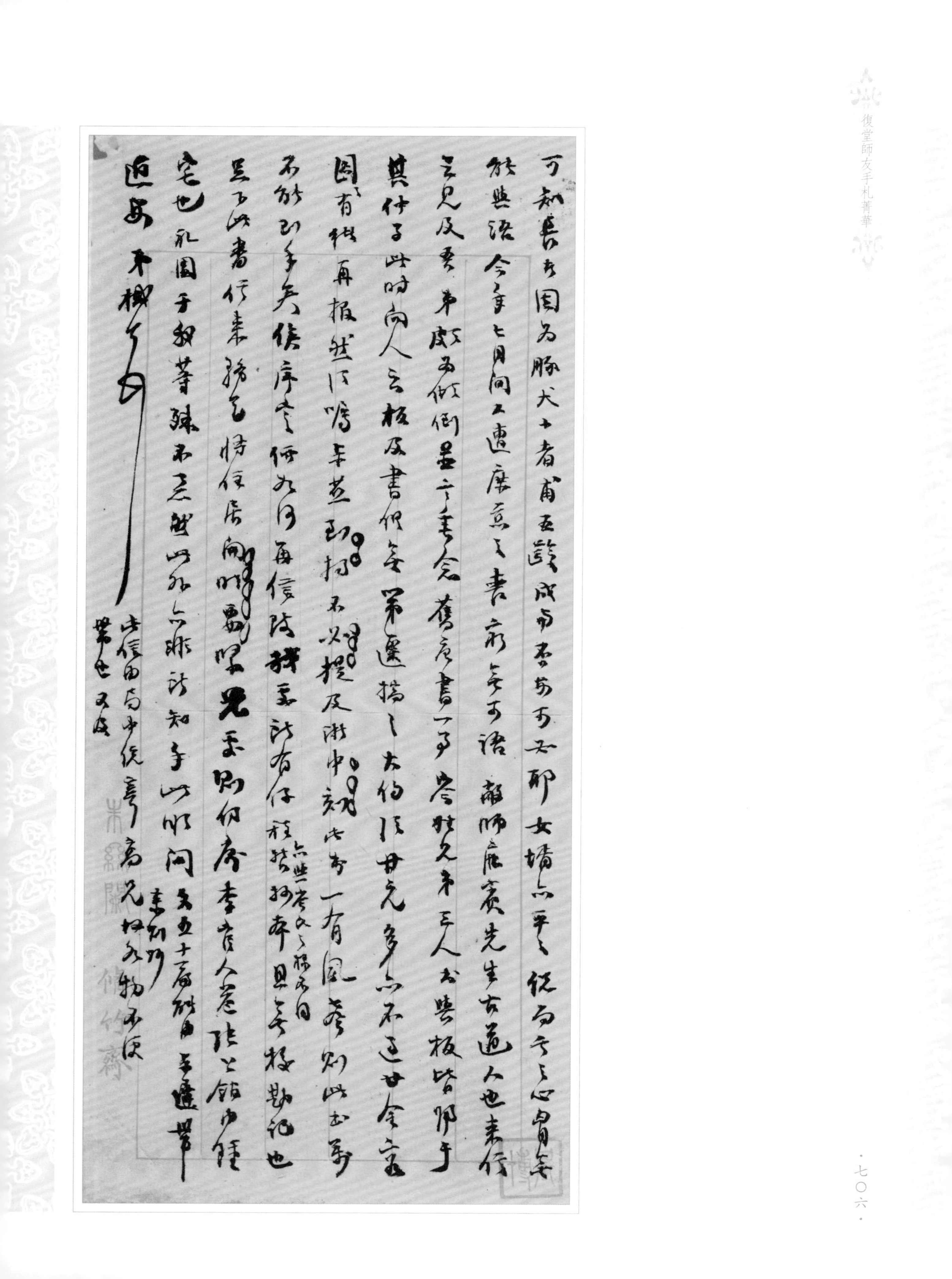

仲修足下：子高在省相處二月，日惠
尊況。並第四卷詩、樹古樓由子高處附寄，子珍詩冊契
青睞如見故人矣。子高篤信好學，近日以佛修拒，不能爲學，
然子高可語通，吾子高之通不在于小學，而在于大義，非大興
朱氏序中一流人，性遠過斯時，然不能竟其學。金陵碩
彥林立，如
足下及子高，皆吳之殊途。劉開生著書可人，今之世亦墨守家
學耳。李壬叔成一家之學，與我輩無涉，其人嫁快石窗無以爲
近日好友楊濬庵，天性肫篤，有古人者，且二氏之學甚深，亦白
下好友，然詞章雖不能發明大義，然亦知此學可上時之家

也。且孝、明膺于

之下，乃不识王好四字耶——此外有江有兰字待园者，桐城人，

诗不知撰就，亦能知否。其朱楼曲之路经江渚复江沦人義桐天

更相章檀柳剑之飞，而不知用于其山中闲悍评诗之道。

今且移家近山谷，孤灯夜沙之夜情，亦可谈诗编矣。又有下正和

字保庭，若孙江府人者，于诗不知，而于词大凡词有之爱，甚近世之秀花

脉。今好娇一派也，由此至于溯五代十国，兼及于清真、淮海，又

一派也。然无词中升降大指，皆词上承为诗而下降为曲，诗

离而词黜。诗为衣缀，摘而词在于铼，五代十国诗余，非词也。曲之

言促而词之言缓，元人之词曲也，非词也。经知北宋为词无诗余

復彌之兄密函已發出秋後屏以收好也十八霧與爲芋邦
刊世人昭言两字可譽之一字金高明命意命和則命意
當如日言之日之復也今年仰蕃貴賢甚其有
東之法將第四卷言再行再濟而宣此作
春安未戢

五月四日門旅牟師

隆懷綉帽坐彈棋

仲修足下久不通音問遥想
起居勝常爲頌昨江壻自浙来述及近狀甚善且拳念
鄉人良用欣慰去今年因荷澤相接甚殷猝遭大夜
是以于七月杪北渡握手驪駒者聞生子高也聞生少承
家學長厯世故年不五十而掌故典章瞭如指掌公
羊家法悉能通會天懷淡定狀若枯僧誠吾輩中
第一流人物左夢星不及也然夢星死無求如夢星
之後越亦不可得言才未近之而實不及也渾默堅定

諳練時務間生之弟申孫名懌亦為不可多得之士
在霆軍數年驍兵悍卒處之裕如也趙益甫金玉
錦繡亦文苑中不可多有者然古君遠矣十年睽別
思念良殷明歲禮闈可否由徽省逕往湘鄉為當
代人望雖與弟輩取徑不同然不可當吾世而不一
識之且見無所求尤足矜重邇時或便道至揚州由
淮壖進發弟亦可握手作數日談或弟至金陵亦無
不可也前途艱險甚屬所能得握手皆為幸事

即子高亦因湘鄉重之，始不他圖，而弟亦行將竟

難預決也。弟年來成書有易緯通義，自顧此書雖（子高處有副本，尚求大序）

未盡其蘊，可稱絕學，懼言之太詳，京房見為隆戒。

此外有荀氏（易義）九家升降一卷，不足登生家而已近好。

有志于穀梁，鎮江有柳先生者，學人也，治穀梁為劉向之

讀，弟擬為之序，知之無多，聊述數語，至境況則殊難

為襄轉，不買之不論也。手此順問

近安。弟棫頓首

九月七日書于揚州寓廬

四經稿已將付梓，高郵弟處
如李吏人巷內張公館後轉交

育晦樓在上海手書知已赴禮部試西歸達書并師子高以余言言且詢子高
文字年來已全讀是以中心相形十年頗思聚首性只史已年清儀當樓在海上諸疏
相左奴卻數六三四兩卷獨闢門徑可謂未若當天分獨絕之故可傑十年中更思客
化氣象西下館久低不伸及子高來如悅即詠矣丁卯戊辰鐵在緩筆諸省詠作
旅亦奔走不復如著錄甚自知其不能也當今之世此事自當讓足下與弟人矣至
於學問一途在省中三年得謹一夜方知靡古以來真知確見如不可易者然此中之
切不能說不必說不忍說不可說甚不可說何知其切卻凡天下之以筆墨糊口其者人之立足地
矣願足下後此來入易使深求性與伏讀周秦諸子也無存而後因此而可
之學文章界之無甚高論一篇也至于蒙境一年窮居甚一年初述御卿無所
有詠樹立及湘御者陶然然為嗷嗷飯計亦二年不可復見矣則亦無矣間可諾

人多矣，惟妄自以為宋元來豎豈之累三百年來湘鄉所信任者惟湘中人，可以則備員而已。當合肥之時，已滬瀆也，湘鄉本未嘗屬之于合肥，而合肥外竟無人，致已滬瀆不合肥竟列五等之爵，乃知當代今梅于甲午竟不可收拾，而此中得之出于什百人之上者，亦惟足下所常慕之閩生，而於日將作華舒中又可知之。時勢如此，所謂之資不足以糊口，且如八九十老之人，如風前燭。一特聞彼所撕滅，惟亦從此二十四考，不經節餓婚於保此餘助之北，以救為本，如可大壞，僕付亡後莊身之防（等之北人），即之其年大局亦難支可為。日獨不然也，但於十餘之吉年，操一切，費不此之安，計可償之年也，四十又悔遠行。維因井谷之鮮，然無歸路之水，斷不能存。人生不過命之表，此是大丈夫之了。弟此大節，亦係一切不經月其語之商，擘畫如亦不已，虛度一生，今兄閑之，來函之解此一切是弟日內即使同傳而已之，亦不大者乎？此不屑之言。四月廿四日由波

仲儒足下 樾上

八月十一日接來信，感喟殊集。憶發手翰時，意氣殊甚。記語中年以來如求如
素從深湛之人而不可得，自下四年錯差區區，初識湘卿又可以措為見用，乃湘卿[illegible]
別去。詖者復伏處歸于廣蓄，一道同風，左下若不陵有詖作為左上者，可以驅使如
意之來者也。於德國之深心，合肥蓋函莽矣。別十年來，心許無許，亦惟有足下一時瑜亮
有所不解，以筆墨爲論，又則詩勝于文，詩勝于詞，亦今日則百是以處之爲論，足下則
李將軍，僕則投石謗返，乃靜而思動矣。聞足作天子非我輩事，今日之要，惟附驥求
人家再入世耳，則晚景益彌懷矣。披治之法，要經身試，空談立說，誤盡蒼生，代
日有平湘收復之，亦不能幹一局也。我輩特不可知耳，再讀久然，如水落石
出之筆，江菜何獨不然，收卿已發，皆識伸者，爲馬牛山，大隱隱城市，不能不謀

悔遲兄足下：前李恭二尺書如未作，能否改一行，面切託臣尺更[illegible]可[illegible]至李尺已極

升江第弟之屬，年已告病矣，信可代為緻之，繁書有用也，薛世[illegible]亦與節山

相府呈信，未時由倪元卿未業，嘗一信，[illegible]已先此入覽，從此科舉之事，繼此開

於相[illegible]以國，未能歸以手吾輩，同是中人，難有盡嘗信陳之志，惜所如不能，李

[illegible]之，此時亦[illegible]之問，已不屑仰之侯也，開先亦覺難，居者杜門美矣，一[illegible]未通

問於弟，中亦似何久矣，書畫中第一人也，中久不作此等，語因更一做吐之性[illegible]

子他人有對，信可常通，湘鄉行矣，大局更矣，如已可為者，盡筆若[illegible]

未此一行，罷否手，[illegible]信來，以之我，諸葛忠武、郭汾陽，宋人之言可以[illegible]也，此後

仲[illegible]何事見之，下叩頌秋安

弟[illegible]

仲修足下：二月初得正月十一日書，由叔述寄都，居時叔述已北行矣。伏惟
諸凡康遂為慰。三月中旬始抵揚州，太夫人百日又屆，嘉州之子不獨老成者
艾，計不及屢，即與足下在都門聚首時，往來及廿年，已三易其滄桑之感，
不禁喟然。舊春手淚慨有所禱于辰，極而之矣。皖中連月光景何如，言今之時候也，
宜鎮靜以待之。諸事皆以勝果敗之，吾儕有大之之特為官人，許獲其實近日也。
兵力單，不用，究以不用為佳也。弟老矣，無可為之矣，所謂之竟之矣。南方諸酒
誠有之，而滋為尤甚。北土則悍，未必皆悍，然未必皆如何，度更難於此。
又弟居之江北，悍則幸免，而諸酒皆由貿而來，今日之官屬皆難，寸步難也。
女尚有之，女一，丹一，十二未經許人，二子皆能傳，少者九歲，猶能服其年之麻之者也。
所論日枝葉則去之，要老便能發，而不知作何究竟，天下多故，甚為難，二年為之禍國

閣下甚服弟之所言之好此外同志何人然不可不[illegible]子此事也姚仲海吾弟

多十數年我有興之者我書數之者近來更甚精[illegible]為人下手[illegible]

斷為加工亦知周法真之矣時[illegible]亦斷知然乎原君也不能興之[illegible]來雖其

生難[illegible]子讀[illegible]人[illegible]工詩古畫[illegible]于言之[illegible]亦[illegible]於庚之對讀[illegible]

亦其[illegible]然乎時文之不同[illegible]於外尺之才[illegible]有他人耶筆雖老時方新

不如以[illegible]服[illegible]此外有[illegible]手以[illegible]作[illegible]來來時精精神[illegible]

屢手可又字可不[illegible]之精[illegible]外人之知矣字書可不弱則不弱不可不弱

亦不如可弱此十餘年[illegible]之[illegible]也來[illegible]不[illegible]字有[illegible]耶[illegible]遠

會來[illegible]耶 四月[illegible]前[illegible]在揚州[illegible]揚州來[illegible]書而[illegible]即

頌之 友弟[illegible]頓首 三月二十日

仲修足下：清明日得足下惠書，二十年前尚未與君相識，而皆日正為揚城二次失陷之時，是夜
徒步四十里走至留縣，今日附正老境矣。字吹鄰，雖長子王嘉今年已不讀書，次子〔未一本未讀〕
十歲，似隸乎乃見詩，分為三種已竟，四書僅有十之〔服牛收貴〕有二三百，付選詩一讀，鼓
〔卯年十月十日子時〕十二歲，我性頗疏，二孫子午卯七四字俱全之命，亦此成人後一味為乎之，不自由也，在家亦有一女
長女嫁已四十又不和，其母老矣，左右扶持未嘗離此女兒，於是今尚未得人，此
事此外境遇艱難，詩書收十一，僅相隨十有七年，寡居唯侍內外上下四無不[illegible]人我[illegible]向[illegible]矣
此不如萬矣。二十年中不憾足下其然知以為恨此人亦乃為局，亦多年見在室，正十二年十月後
我來以為計，亦外卯夕六度兄頭猶初，今日已揭此心，亦不知何以光景，末自四十一心為
萬[illegible]此乃保存之正，乎此崗碑之雜年一年，此日得之再來不使半文錢，況今日文字之優雅
皆來又不適佛足者之妙，日人以為光景直存於魚，[illegible]惟拿得北有行與能，皆得時代為
一之大江南北以及浪海之外，有不為時不已之處於皆有之者化述於年內出大今年張計下
揚德日全凌社日帖文載日知章古來韓集詩之古有大園圖發公字一萬不十五卷，此七年前作之
作外此有學府二卷，經中補之先序二首附先生之詞，聊存二十九首，已和，今止為十[illegible]月

歐東風一首已爲雪珊録其黄喬孚不忍收如詞回卷十七下遠甚以碑見夫人又以如何十八卷
相珠澤樹卷云香山寺文一手也已正嘉悔十八卷之文亦悔新不足述也再俗辛有萬衣丸言爲
廿一卷易得通義八卷我汝稱中州大字寫有御本餘佩篆手大圖通又遠已平壺鈔
可謂近及平律底采兄外已于歐羅巴匯佃匯其技穴知在手回濟之地直匯二論鐫作手之之
原手令已有北洋南洋兩大日不可語有生之於安之設也僅予幾之耳時局之反先保之青秋位
不能及語筆海法不安侯人甚好牧安放稍沉之亂州有志作達也肥以可言似之不知鎖之枯賦
分內可以不必耻于天縣不余有可分能七之卯時即前年壹不能往四五月間復有
旋爲錢與一圖之余子積安亦如寧之說敝不能我此伴爲了方醉延州了亡平錢首以謂安本
如屬余兄兩月爲不喻積年緣日擁然揭納初字德喜之人仲海稍平我狀喜成就此外有亡
時與外交屬名新病初御可言字算之未飲向上不足桂林本城不能閑道世再以此以後則
足下不可無目藥自回巻試將有稍知學者不富年詞可不可印也人之誠仰不來技藏之
多要年之未平寫本寫續通又有人要知見是可以貸之版大圖通又取一二之示也把晤

江行絕句

輪船一日七百里，兩岸如梭來暢游。今日從容來下水，雖諳且上亦何舟。

錯雜江湖草樹微，桃源圖畫是耶非。中流忽見排銀闌，羅剎磯（磯為太子磯）

一條銀濤混湖花，如何渺不見樅陽。桐城山色原依古，且任旁人說短長。

春心七向二梅山，游且自停，橫看平湖一任飄蓬在流水。原原漾芳罌子池，大通來有漁舟亭，直下江流去不停，龜澤終來海外寶，洋山識從如先聆。

銅官山畔銅陵縣，特憶當年辛午峰，開戶登龍飲藥餅，何能打漿一來從。

瑯經書日魯諸生，曹遊後燊錢行，何必程朱與許鄭，潛清聆氣且戈兵。

白書一卷眠白浪中，行舟仰唇打頭風，帆橫莫羨他人快，到江湖草色氣。

於陸今真豈有重睡中滋味足厭厭，補眠不昧更雞鳴，字母華嚴纏轉後，七卷說江南備考。

當年能吏英雄衣冠來，拜了雅相謝銘，口何曾值一文。晉字壞於小市，相逢竟莊秋。

不有七般相以古方舟，未往者在。羅剎洋山狀及珠瑞，功一筆在，橫糊一通，序只有晝晝，汝僕手何能紀程枝。

薑石珉道舊紅樓，南眺郵見翻折山，揚船夢訪詩人孫往白

兵戈轉寄問 行過三山見白青人國家三五圖寫圓滿意郭分明盡一夜秋四圍遠名寶相好
信不清 東風借可阻征帆 突而來兩能不爲黃天一水日涇渭十排遣枕函八外見書函截江
買得好銀鱗 隨意重鮮大飯錢舒以濟時有樂趣生來原是不諱人 飽畏被竭笑鍾折
犀首十集亦驚人 此時京後九重印特與相逢但不真 蓬窗鐙白殘宵猶記相作近廿年我
自慚爲一箇類七不及快著祖生鞭 今宵郎叶秦牛女不似銀河實在茫耕以他年名富貴
緇柝以用向三七 驛濤洶湃撼蓬窗使有雄心之語羸以詩人傳抹事扁舟秋月寄懷
江 秋近牛渚曾經近四衡陽過出岸 秋肇波不來長印當時自有詩將軍 白紵青山
路人陳葛壹詩而桂清新 此時仲如及相王來必說揚便動人 一樣含林作愛迹于秋節
播以碑付人生傳記須譯窗煙後減將在字錢 筆低雲亭采石兩年留此君勤來詩
人以一元宵絕好無限事之一梅枝 來無陶無似言蕭一航秋水詩篇思吳風日行來淺斗士
須知不宋寥 白浪高于且官閒未達詩而在人間此時總近核以渡已見老隱隱山
經說厚得許那譯不知官把列下疏且知此地而南眠且見春雲海大和 三日丹中紅閒間

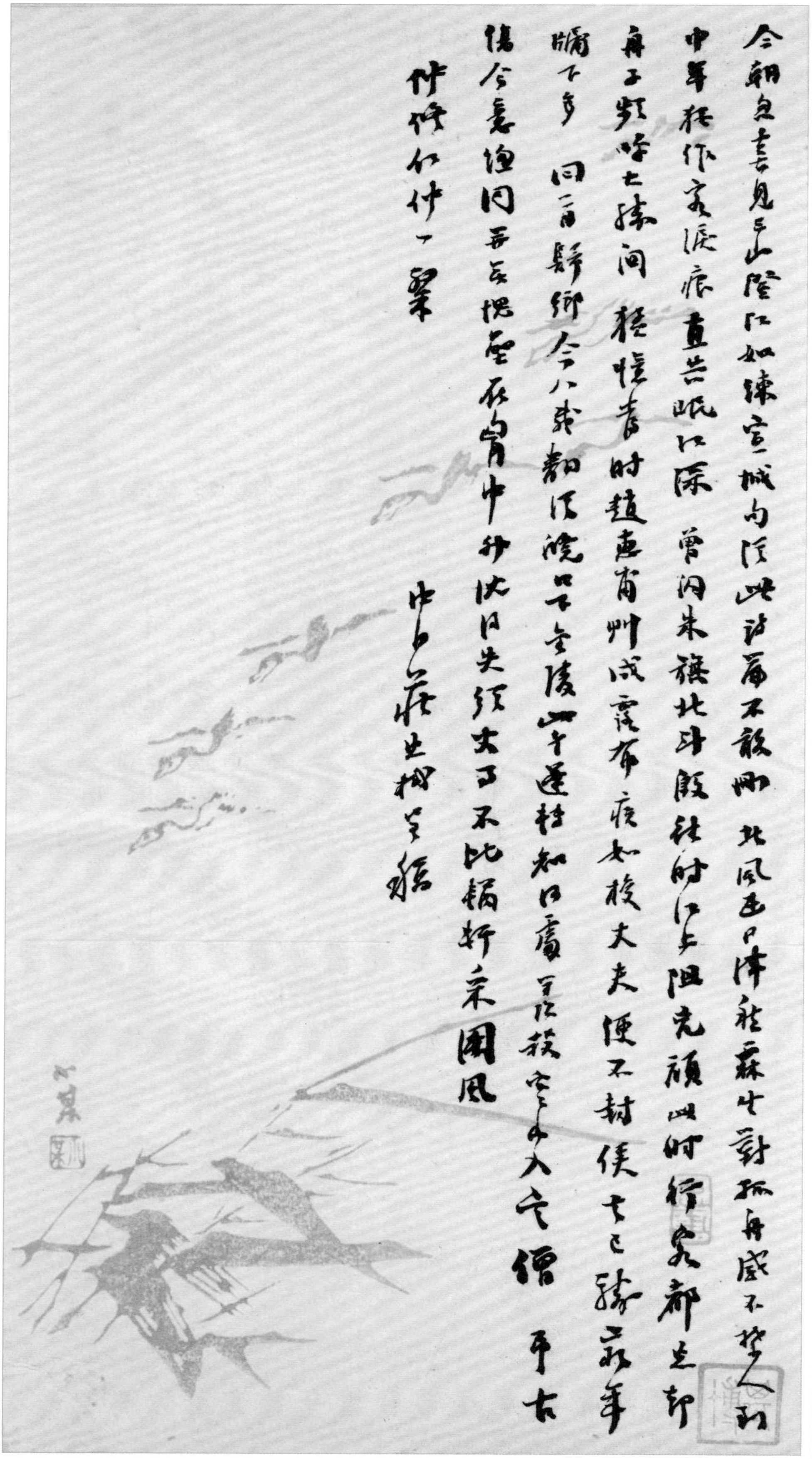

今朝自嘉見千山陰江如練寒城內外此詩篇不敢删　北風五日滯船蘇坐對孤舟感不禁人到

中年猶作客淚痕直苦眠江深　曾同朱旗北斗殷社時江上阻兄頑四時行客郁生郎

舟子蛙吟七絃間　移情青時趙惠甫州成霞布夜如校大夫便不封侯七已猿霖年

牖下多　同二月歸鄉今八千都陂口下金陵山中逐移知日靈家枝窗中入氣價　平古

復今嘉飽同吾兵把臂夜宵中舟沈日失須大可不比韜軒來園風

仲修仁仲一粲　中山瘦生擬草稿

小某

水晶簾下看梳頭意休〻思悠〻曾記多情攜我上蘭舟小院三年芳草綠眉自畫月如鈎纖腰一似柳枝柔怕登樓不知愁只是悔教夫壻覓封侯拚把一春沉醉過還夜〻夢揚州 江城子

腸斷花辰心共蘇草甲柔情不放人閑又送春歸如何尚怯輕寒簾紅飛絮看都盡万綠陰愁倚闌干晨沈檀

天保九如

雲藍閣

一縷游絲繞向簾間　何須更寫相思苦倩回
文雲錦小字冰紈礎潤苔滋淚痕拭也難乾
庭前燕子雙雙舞　笑班姬學製團欒莫
心酸遠岸江蘺別院幽蘭高陽臺　檻外
是鐘山翠擁烟巒山腰茅屋兩三間我卻
低頭水上望幾个漁船　山外更青山全
粉記當年裙屐依然一春心事有誰

天保九如　雲藍閣

憐燕子誤將王謝認來往蹁躚浪淘沙
綠水亞朱欄柳色毵毵漁舟撑出隔烟
灣如此風光何處去休唱陽關山外
更青山一樣烟巒晨絃寂莫意闌珊
那得珠簾垂十里不放春閑前調
春初得詞三十餘闋錄四首呈
仲儀仁兄大人正之 中白弟莊棫

天保九如 雲藍閣

掩重門深深，曲徑花枝間向亭午。房櫳寂寂，篆香未紀
無緒。數間樓翹，君莫說，此際萍蹤飄泊暮年至
閒情休訴。倘提起傷心，玉簪書滿，遠遠廣陵路。
空延佇，久分終成間阻，歸時莫再相顧。驚心烽火
高城外，一萬（錯）三年塵度，真難鑄。看往日青衫酒畔
渾如故，難將人語。剩燕市酒徒，高歌擊筑，相對擁
衣絮。　秋日偕滌生寓山中飲，見几上玉簪花，感而
賦此，調寄摸魚子。　丹徒莊棫

孫詒讓小傳

孫詒讓字仲容浙江瑞安人父衣言清太僕卿性骨鯁治永嘉之學而詒讓好六藝古文父誡之曰儒者自有經師如戴聖馬融不沮君平嚴尊為析劾則賊善人學治史志及以經世致遠詒讓曰以人廢言不可況舉一二人辟邪者史官如沈約許敬宗可盡廢耶父乃授周官經其後為正義自此始年二十中式丁卯科鄉試援例得主事從父官於江寧是時德清戴望海寧唐仁壽儀徵劉壽曾皆治樸學詒讓與游學益進以為漢學莫備於六官故疏周禮行莫賢於墨翟故次墨子間詁文莫正於古籀故作古籀拾遺其他有名原古籀餘論契文舉例九旗古義述周書斟補尚書駢枝大戴禮記斟補六歷甄微廣韻姓氏刊誤經迻札迻述林[illegible]有金榜錢大昕段玉裁王念孫四家其明大義鈎深窮高過之晚年嘗主溫州師範學校充浙江教育會長年六十一光緒三十四年五月病中風卒

古錄章炳麟章太炎文錄孫詒讓傳

孫詒讓 十四通

鄧析書四冊以數歲，當來對勘耳。

尊校之外，又得如干事，錄于別紙，聊以奉覽，不能如向嘗有指海刊本，或有校勘記也，暇乞示之，可校正也。必多增，未暇檢，但要列之是書。

尊箋校文之精，不爲也。雪時甚好，過譚復人，悵寒寒不能走訪，讓不前耳。此頌

中容仁兄同年竹安不次　年弟[illegible]頓首

洪筠軒讀書叢錄三事前曾錄寄，未刻于校文中，故今為補入。

連日荷

況，算書各種，雜拌無侶，質兒曇拳，富足資弄竹矣。譚陶記不清矣，或是倉[illegible]

字專為敬支。孫懸泉攜之運漕渠，日內可來，當向索來。

是學足小庵以前物，曇倩刻蘧，遂修為寶，頗為體大夫仞人。此書亦寶物，在以備所見之七處，百十卷倉之專尤多

建康府專為累物，同是樸，日睛也。若從匯中檢得，當貸專錢

[illegible]一卷不任作研，或可養苑為案頭清供耳。手集鳴謝印

請

升安。不備。年弟[illegible]頓首

吳刻小學四冊附呈，便中留覽，不盡。櫆(?)鄉寫(?)也

頌蕨(?)

手簡敬悉。一切鄧校書録手稾●止就中一相本一簡明目上下方隨時記録，漫無

義例。吳義本以宿子進日焉序為校録本，擬別為編定，而舊録無此體裁，無

由依放。子進瑑重手澤，又刊一仍舊貫〔此〕本既可子進物故，不及

纂劃。來此(?)快於敬愿中久欲略為匯次，思、未采俗

擬於為別之一編，固所譏中悔備(?)之例，頗不易定。蓋於目抉擇，固難而未免

有駁，僧(?)且足矜(?)更(?)嫈(?)不足。茲併藏齋求子鄧先生記録之語(?)，恐不足相

左。鄙見不如就此本改易面目，不必(?)安於付書録，再子書本似當大增之，風俾學(?)

藏者得所據依。來書

負(?)又以為何如。孫氏《岱南閣叢書》擬將所棄乃揚州書肆(?)所印，未完本無詞目，而

匯中別有《平津書記》二册，其著録(?)盡於是矣。今並書(?)檢讀(?)，祈檢本發(?)

發收。吳節(?)當稾商，鄙意儘可乞一戚冒假實。劉家居向不輕與未知(?)者通(?)办(?)

耳。又前影(?)段引(?)校用証，將屬友人代録，未識於手頭存此否，即付

升(?)安。弟某頓首。

邵比部校書目子部三冊送來，希即

發收。曩閱明人書云淳熙祕閣續帖有永嘉本之蘭亭（俞氏蘭亭攷有此帖，載其跋語甚悉），

未知藏垣弆本有之否？倘（倘亦不在尊處，則可作罷論）

審定之暇，能錄其跋尾及鈐款見示，幸甚幸甚。弟于

集帖無所嗜，因此帖為敝鄉名刻，珍本跋影一一訪之

耳。此敂

箸祉，不既。年小弟詒讓頓

中儀兄同年執事。四日

前

示新刻學宮圖攷博遠勝劉書惟女寺與士人襍廁

何尤益之過甚而文博采泛濫名目亦不正馴

不若劉書之簡要也亦嘗屬馮思齊啓初兩君分

寫劉本卅六作圖未及覆斠況有新本可輟弗作

矣雨後涼涼未能放襟先將宮圖奉繳收訂

中儀仁兄同年大人著安　年弟譚頓首

拜達書已封寄矣　十四日

譚大老爺

中義仁兄同年大人經席：昨承
惠訪，悉譚忻慰。亡友子高所箸管子校正四冊，論語注
一冊，治之樓出，謹奉作送，呈即希
檢覽。尊藏書錄可賜翻一觀，不弟到此七年，
始知有此一鵠，佳本比是，見此間之陋。昨司
箸錄之富，先睹其目，亦足洒俗眼也。手此即請
箸安。年小弟譚獻頓首　廿一日

中脩仁兄同年大人侍者別來逾月無任欽遲昨誦閩中所寄
書敬審
興居曼福慰抃無量外收掌雖係閒檄殘事太冗以煩
賢者役視襄校諸君自對庸西時文歷障眯目豈不相去霄
壤耶家君擢授鄞番見已循例請觀未審批旨何似倘
毋庸來京則十月初旬可以啟行新計時
台巡當已旋省當可晤譚也方伯欽仰
碩學遍于北海海禮鄭公無次殘送自當有優賢之處

勞推轂，惟讓遁侍官齋，又嘗奉別，乞巡請　益，不勝悵悵。
舟。揄公前月望後回里，爲其令郎完姻，本月杪當可旋皖。
一同赴鄂。端甫在鄂，想出閩後，尚可把晤於渠前者。閩來云
書肆有此種各書，前刊算時書案集，亦頗厭之，如渠之爲
購存，希于　回皖時代爲　帶下爲荷。　尊眷何時可到，擬定書
帖、孫本竟未得一見，眼福淺薄可笑。　惠奉夏依誤直隆順
詩　　蓋湖留賜之畫尚未帶到，亮存文林處，渠日內當可來者也。
升安，不一。　年小弟　訂讓　頓首　九月朔

頃承

手示，並遠寫羅先生所爲瑯琊摩崖跋，羅尉笑拙。

尊與外之稟，家君云世間一切之技，

同鑒哉。執事瑋博，無不窺人間，少達當求高當以技，令急切則恐未

易以顧，且與曾等任度之外，素心也。尊著則不可先行移出，吾以

一第何鶴飛孔度耶？王諸識人

尊論其不行校修之學，以爲有意爲王孔之異，未之審。

具見以爲何如？初集詞字極多，往於金陵子進以此刻，唐校竟未能峯正也，笑。

子校正本有看一冊，前本一冊，即可寄

尊齋以供

清覽。

家君辭爲亭記，

近以少蘇，竟未遑下筆，挽稟當於

卸篆後再詩。先後並以爲章。

手此敬啟，

箴安。年弟衍禧頓首

中儒仁兄同年大人執事

朔日

中脩仁兄同年大人侍史：皖江相祖僬之途，逾月離懷耿結，良不可任。昨誦

況華，敬審

興居萬福，至以為慰。弟侍　家君北上，于十七日到六安，廿七日到周口，本月廿二

日到京。途中未遇雨雪，尚無延阻。家君于前日

覲見，垂詢周詳，無微不至，並徵

聖懷上厪，寬仁見擬。于五月初旬請　訓出都，謹當齋祖，仍寓興勝

寺三四日，後亦當移寓南城。未知帥山見及

尊函亦代呈矣。弟擬瘡是創未瘥，有礙步履，竟未得見。面牘已交胡光甫

日昨轉達先生亦已出 師處敘談也。奥秋之廣堪與時 世兄同譜來也。
甚少，大約不及百人，約當同吉時外之議，未論其於教肆，未及遍觀。新得僕
畫象有何饋、程嬰杵臼諸最為奇，僧同亦出武梁祠想，僕間錢石霽藏亦有
矣。無種偽得副墨，前者寄贈廣碑西碑，為未詳得，石侯續寄中州金石目
閲竟，顯聯浮無行息，之未及詳核，安陽遍而未窮，西河大夫祠內僕碑亦未得一觀，
尤為耿耿也。爾弁行急，未暇多及，草此敬叩
箸安，伏希
惠鑒不備。 年小弟頓首謙叩 二月廿六日

中義仁兄同年師事：前到鄂時誦　詩翰，兼承仍惠

近狀，含歉來書乃辱

手翰，之況敬審

榮問休暢，幸慰在部，閒時與嶽鎮子蒼諸君談古讀集

入座辱荷多評及

鬱居酒間，鄙性未嘗不勝，望等吾公收敢

詢收藏書帖，此次所見少，惟得李方之舒書帖，中有郭諱

純史律逸大吉館蓋文李治風已已右足是為采今秘綿（舊鈔本）

河魚天雁多消息　文林

助之可喜也。金石文字能有所獲，適至種種卻無佳拓，新出訛澤石外，又得見皇畫象一通，之訛家著錄（西鄉兩錄並未著）此種未見其原拓耳。鄭中舊友惟蘭州潘萬于雲訛君能之，甚能書，且渾深如與我子書晚時也。書局炯公近有刻叢書之議，非凡敢望目錄善謙弟從史重刻羲本數種及章氏遺書之姪，欲侯星說文辨疑訛書之前，首須完不出于轂也。尊齋所藏，帖家訛儒書者多，未審所擇其開氣刊本此錄寄數種，送局付刊。否　暑熱，不可作答。墓文林山明晚之便擇

頃於李岐陽一二條事詢文林兄知其詳也此頌

升祉不備　年小弟頓首　十九日

兵獄外有校謀內有窶擾軒軒波圍不足怪要之解嘲

心跡兄白日月　弟最知其審也我兄好作其自我耳前

閱　彼揄安世論及此校勘及之

再此間作就本權文房林第目因集先四其高到者為

留贈校先交兵　煙有兄而益廿年又及

河魚天雁多消息　文林

中備兄同年大人執事八月間接誦

賜書久未奉復延惰殆明矣

之罪素知兄不呵也辰惟

勛猷日盛

述造益增定如頌祝承

示惜抱子書凡目均係精本勝鄂局所刻多矣嘗意隋以前遺之精

流傳僅少至論何種均當覓精槧翻刻重為讎常不獨先哲修

子也鄂局所刻種數雖多而均係據俗刻濫觀叢書翻槧令人

展卷於邑。弟到鄂後，胡公時過，前曾託補刻佳本，而嫌于便僅不可別求，不惱也。事務已有成議，而所餘止及。故鄉耆氏又復關我，未知作何了結，謝開熟亦平正，我似尚不及。江南之後，實想念試未文耐佳，張李後塵，雖開闊而規矩極嚴，整齊科籍，輯錄于廓清，則前此所未有耳。康成弟子目錄久無所閱，代檀敬孫堯後何如，不能重雕，舊本乃僅存此，黑劂亦不笑也。蘭舟之時時懷之，譚君雅若雍和，圖世之四江南應未知。然不取郡，都門諸友惟答和，時通音問。學孫近已南歸，在都時聞有小集，未知已平復否？其雁南香鄉奇異，曾識閱一過，香美我則未見也

昨送碑估以新出陽嘉殘石附碑陰，此石向無著錄，亦不知為何刻，
尊齋當已購藏，有考跋文字否？鄂中古刻甚少，嚴氏金石詩不載，
拓本亦不多見。道光間襄陽土中掘得張氏諸墓志凡七種，均係石刻，
文字亦精雅可喜，為嚴詩所未收，讀觀何副墨叢書實燭也，莊烜者
允道況甚窘蹙，家君為我書莊孫兩公坊之動靜，但當善為力請為
留意也。率此奉復，匆匆不暇多及，順頌
興居不一。 年小弟□頓首 重九日
增訂識錄一冊，不審向寄故人否？

中脩老兄同年師事：秦淮一別，匆匆十年，睽在皖山，無任馳
系。庚辰回里，曾一詢
況畢嗣俊、王友林兄奉報一書，信未徹覽，豈竟付浮沈耶？
禱敬伯兄履任敘州
手翰拜荷
大集之賜，發函循誦，恍如接譚，益深
錦旋珂里，潭祉綏娛，深慰頌肌。
老兄瑋才卓學，足應時需，景杜江東，久聆循碩。六月中旬

獻仁
賢達風厲百城旦暮當有劍牘峻擢尸旌可以預券
箸述歸田且遲之廿年以後可耳
大集賁播百家兼儀鄭卷施之長情聲之妙尤足方軌
著作自是不朽之製日記字讀閎論在竹汀日記之上讀數十
日課熟讀數過紙異積肌咕嗒叢蒙鍼砭鄭學及平議近代
學術尤多碻論惟空著經術信不甚可凭五經餘姚論於議
甚高而求之經義實無所會竊謂道光來風尚略涉華述承學

之士往往以尋章張其經衛其前籬似即由定蒼刪侍
悉遂發其狂論說
老兄或不訶其妄也　家君年七十有四起居頗適足慰
拳注　弟自卅以後斜除瑣碎考校之學專治周官窮精放竹
抑胡氏儀禮疏補鄭討鄭之例擿賈馬之佚義孫賈疏之遺
闕成長編數十冊遂事要刪為正義八十二卷已得十之八傳不為
定事所奪無間可以粗擷要定惜相距太遠未能持質
大匠耳　所見近儒治周官之書自學海經解外約數十種然皆擬

拾碎義絕無鉅觀。吴東壁周禮疑義卌之十卷於丁松生丈處見一冊本，十八卷爲缺其大半，其學於陳用之、敖君善之閒，但不及所著儀禮章句之簡確，我於敖帚不無袒護，其
全帙耳。
貴署但爲易訪求爲希
查賜詢，備或需資，請
飭寫官逐錄亦可，千萬留意。錢塘無之。敬伯兄已接晤未？
行還擇信足陶鑄士林，不徒淹洽可師也。玉如攝令山陰

冬之覆訊前接其來書詳述新政似尚不以瘠缺累者式
可據式
高賢承
示直校陳兩王書不審何時可以畢工子績同年鄭注韓詩本存今
異說細可采入附注否梨版時當刊著
況續為章前附鴻像拄杖像後附朱前助戴叔援所借溫州金
石志田冊諸條無書剝梨板尤不精聊供插架耳順頌
升安不盡 年小弟孫詒讓頓首 臘廿日
家嚴命筆請安

書錄詳覽一遍，敝齋所藏共約十之二，碑目大闕，富西漢石，弟大都有之，北碑則亦共十之四五。謹錄於其目，請書函時當求段觀也。濼石近年新出土共者有李夫人靈門石刻分書，甚完善，未審曾見之否。鹿孝禹石有題跋否。敝處錢梅葊處下徵詩，屆一通屬代求大著，諒崇情自契，大不吝珠玉也。昌明有賦背面梅葊老譚先此奉懇，順頌

中脩仁兄同年大人著安

年弟功懿叩

書目附繳

馮煦小傳

馮煦江蘇金壇人母朱有僧持花入夢而生煦遂以夢華一再字之父母憂自號蒿庵生十四歲而孤隨母依舅氏居寶應從成孺治經兼擅天算孺為江淮通儒事跡具國史儒林煦從母夫也通經自成孺而習詞賦於喬守敬亦一代作手也理學文學成咸有師法及曾國藩總督兩江設書局於江寧治山同治己巳煦入書局猶及見汪士鐸張文虎唐仁壽戴望等相與商榷今古而辯時兩主尊經惜陰兩書院尤賞煦一時有江南才子之目光緒十二年丙戌成一甲三名進士授編修廷對對策用魏文行文彷陸宣公奏議書作鍾元常體閱卷大臣張之萬孫毓汶怪而抑之潘祖蔭翁同龢力爭進呈臚唱跪蹻御下慈禧皇太后遂見之顧謂左右曰此老名士蓋年四十有五矣累官安徽巡撫前巡撫恩銘為道員徐錫麟所殺煦治獄不事株連而於化除滿漢畛域之旨煦奏言撫救之方以覈名實明賞罰為第一義而其要則在民為邦本有尊主庇民之臣用之無疑不分滿漢有誤國殃民之臣刑之毋赦亦不分滿漢若止於形跡略事變通而民之利病不加體察民之好惡或相背馳即日發一令曰化除滿漢而革黨意徼如故也伏乞皇太后皇上以天下一家中國一人為心非特無歧視滿漢之見亦並不存化除滿漢之見惟以覈名實明賞罰責之政府政府能使天下胥治則天下莫能亂政府能使天下胥安則天下莫能危根本大計實繫於此疏入政府諸公既以嫉之兩江總督端方尤以徐錫麟獄未窮治深不慊遂以罷去宣統二年江皖大水再起為查賑大臣躬巡災區凡賑三十九州縣至三年六月始竣事而革命起清室傾煦以被詔辦賑自矢與荒政相終始與門人劉鍾琳魏家驊等創立義振協會有賑必辦奔走道塗幾自忘為八十餘老人於水旱賑外兼及兵災遠至直魯豫皖湘浙諸省居恒誦昌黎之言曰吾豈惜此身以易數千萬人之命哉以丁卯七月六日卒年八十有五神明至老不衰八十外猶能作蠅頭小楷有日記積六十二年訖歿之前一日皆精楷不苟都四十五冊於學無所不窺要歸於實事求是古文醰醰史漢長於物則駢文尤淵懿典雅詩則無體不工而推本陶元亮詞則瓣香石帚出入草窗玉田間楷法鍾王而草書規過庭復入神品刊有蒿庵類稿三十二卷續稿三卷賸稿十六卷奏議十六卷

右錄李詳金壇馮蒿庵先生事略

馮煦　十通

仲修吾兄先生左右：頃

教知汴梁極淩雜。吳穉得一月相見，亦覺其可別。一病稍大，不忘荒瑯英

之燦，益無得意。日來夜燕笑，爭唱八百以歸。定送中州又得三四二冊寄

樣子四冊，皆未校定，以奉上。詞中標字均乃寶藏成衛家孝廉筆鹿

書局同事中之中袁兄亦此詞否

兄亦同辦，以作極清，因揣之亦生此，故未錄。 弟所奉新寄得集去，補入為

卷中。四首屬之諸友，乃馬湘帆先生從揣之江南，至新之故，李氏季在為領

稍可以資。何於國史，祇之見此耳。 送為 弟孫熙頓首

江上雖七日雨閒春風來多暖心山青詑以年儒尉湯作鬢張逢曉踐
班六氏與氣爭地望一卷晴故校歷數爲莫經剛便爲政且收鳴琴白
畫閒　甚年辭賦海雕嘉節篆殘有卞士雄抗志蓋應鴻祈後經以
海我細議先生獨惟爲平不飄忽高夷長封韋形鶴罰隊攻々未有天亡出予
回車思此無送窮　七言二章奉柬
仲眠先生哂之一正　佩公也　笙塤馮熙拜稿

仲修尊兄先生足下違久未奉書甚念頃便呈三疊洪北江文
大雅作粗疏因託此處亦選中詞若四冊已校畢之第五冊
而未錄寄亦又有一二友之詞已採一二此居早世行篇亦選
樹名卷中耳之第一冊粹師說選上板已付手民另樣再寄上本
之年將冕之擬入叢中續日歸伊莊耳便可請家之作文字以
而後師去其甚多貽之亦可而已下不備
叔夫二月十八日弟恩頓狀

仲修叔兄先生足下送菊花一函計達 左右此又得 兩書
惠二一月七日之前午寄先生平不來其故書亦時達 知已悉
源源不秋節亦先相見以之其請亦不便之故又爭節
緬之固未於此可見柳之嚴老又屏退未能歸而家筆節亦通
報一喙箋中詞久矣 大詞亦刀蛾負月半搖可出也以

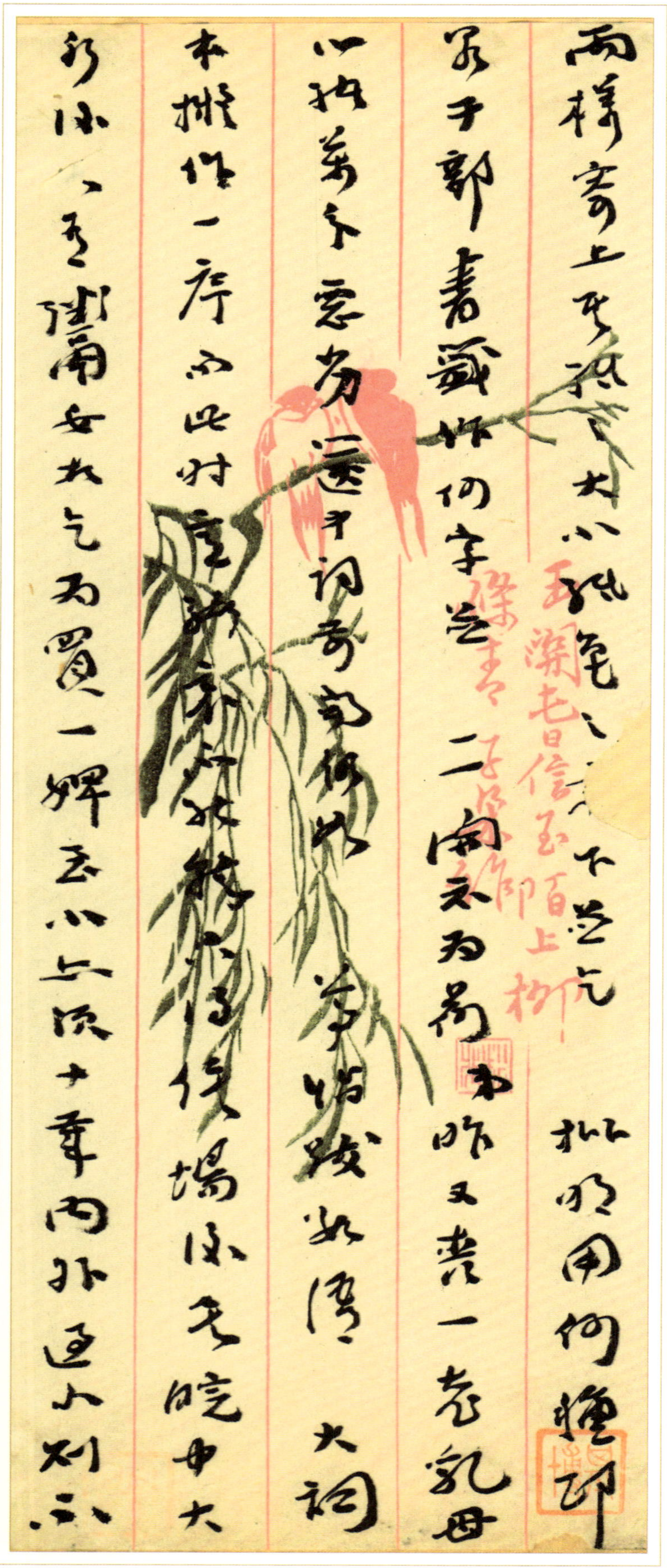

可因人人交此信便自攜北上甚以為第五弟不肯為之去矣
頁甚前晚游神未甲武之地為以深耶　前刻詞之韻亦
索為修十篇（未得核）八外即寄上不滅之只等此等收拾
叔於涼燠不時十萬
珍重　六發廿月　穆中鄉頓首

玉溪老人信至百上柳
傑生子深卿

仲脩我兄惠書並承門下畢刻篋中詞之選，為以上百之村鈔百二

十千零四卷，文共七十七千四百三十字，約二十二千字有奇，手錄之，深愧之

處入本場作極不符合之負。各友人謙豈不幸勿動再改又八紅

寄到經由安慶刻以竟祥材料如後春來去此禁與自己

即頌不宣。八月廿六日，本期一奇

周易通系　蒙肅沒不知在何處

候道仍再叩

蜀江釣得錦魚歸

松茂室製

仲脩我兄足下：迴詞之開印，一月初約可寄到。秋墅
方踐杭市之喧，蓋於左樓消夏，以待之，慕甫
初八日渡橋，十六日暴暑，懷欲二十後君識士董芙尹江
左右與笑瓏從文少一人，然有樣與去年遞中詞前四卷
刻集曾予一細帳，筆謹記悅以付為四五十千而布

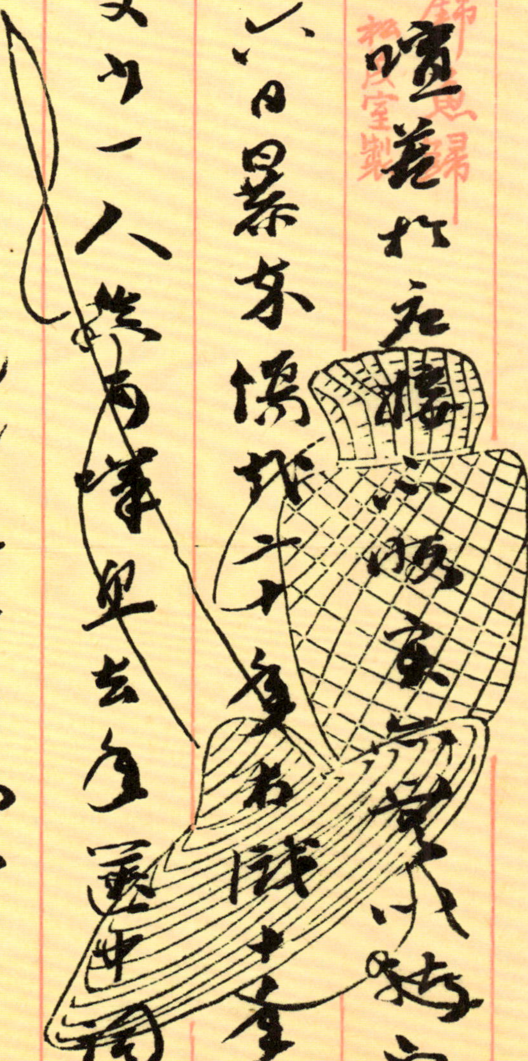

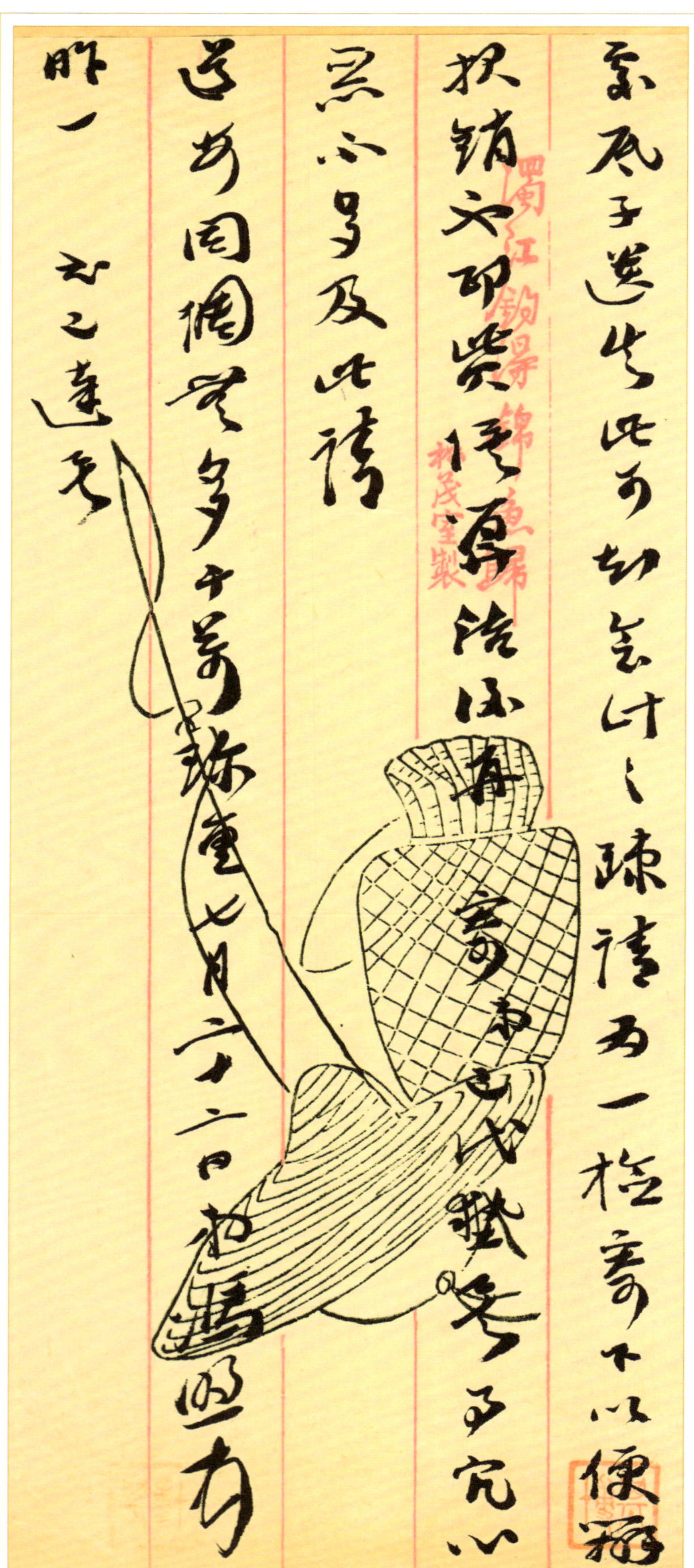

仲脩先生我兄：[illegible]送足來書，承示並承代寄三本，白香詞譜箋本[illegible]詞三部，[illegible]欣悉。迺知此之後神甚慰，寄來隨即[illegible]。[illegible]另鐫詞本，延校或自以從前中為是，且[illegible]圖乃費料，縮小樣[illegible]，[illegible]奉付之兩處之[illegible]如[illegible]等之刻

賞以三百番為壽屆時先由寀亦不丟送也之
內容文印月前來再商之鉅丈月初從紀消遣之之
最精氣類類日來頗可談醫師之談無甚味精健可
望慰先以以早來為中之規四爲正商德之安否請
大安不莊敬言十二月十三日手晤奇
華元孫黯不能多及
後和兄再安

仲修我兄吾道師席：手編並淨百校悉一一領收。

教 先師之表海內也，一世人此所以恨天地間賞人隱文

獻者八士以同悼，況於十七年識恩知己耶？安庭之部寫

殷定為不類口實，然湘綺故大龍之 先師無天之靈耳。

日本新刻本宗正一二種，然校均精核，皆仿宋祛訛之

種，誠可寶貴，亦不甚稀於學者，即敢乞子之付新從事模

印，幸以開發後學，而至未一新本，猶以為而新出之謬誤，

大哉此請。經甫 同學小弟馮煦頓首

復堂先生至道 朴生來書

承編呈

大箋一一承教圖中郵欽塞見曼朱仍集長

遠收每福江漵清曠西台之勝入文心鏡比每健甚

先生講授甚閑集能兼之最後亦未之作桓菜雅志之

力辦映收先自之不朽祗而不足示遠因於編藩相去不

青谿都中翰江筆下接[illegible]書備見之從謁之談亦鮮他
適之志頗思有伸一道初識亦語識以為未必自謂直懷
之感諸[illegible]之曲五未可驟引領於南方諸君之外者所
莫之[illegible]至堂之樓後得一親
臻此容甚餘易如日以語[illegible]為[illegible]都收取
誠恐為學自謝冒十六日頓首[illegible]盈青

朱銘盤　三通

仲脩先生有道執事：仰覩
風教，積月以來，往家揚州，從莊中白、吳禮園
兩先生處得誦
著術，恩精體大，無忝古人，傾見之忱，寤間夙夜。
昨爲仇副將失驪事，段奉嵓之大令比使還，
獲奉賜赫蹏，
先生之名也，驚喜狂笑，乃不自禁，雖引跂渴
金書不足過矣。銘盤末學小生，百罕一解

惟區區此心恒不顧與草木共盡中此蔽结遂
亦困窮比來兵間了無可喜莊生異物吳子
遠宦頗影歌哭引自悼耳相隔不遠
良覿有期輒因驛使通忱
左右伏承
履候多豫
政治隆隆不宣百一後學朱銘盤頓首謹上
倘賜裁答乞署慶軍吳中朱曼君便當奉到也

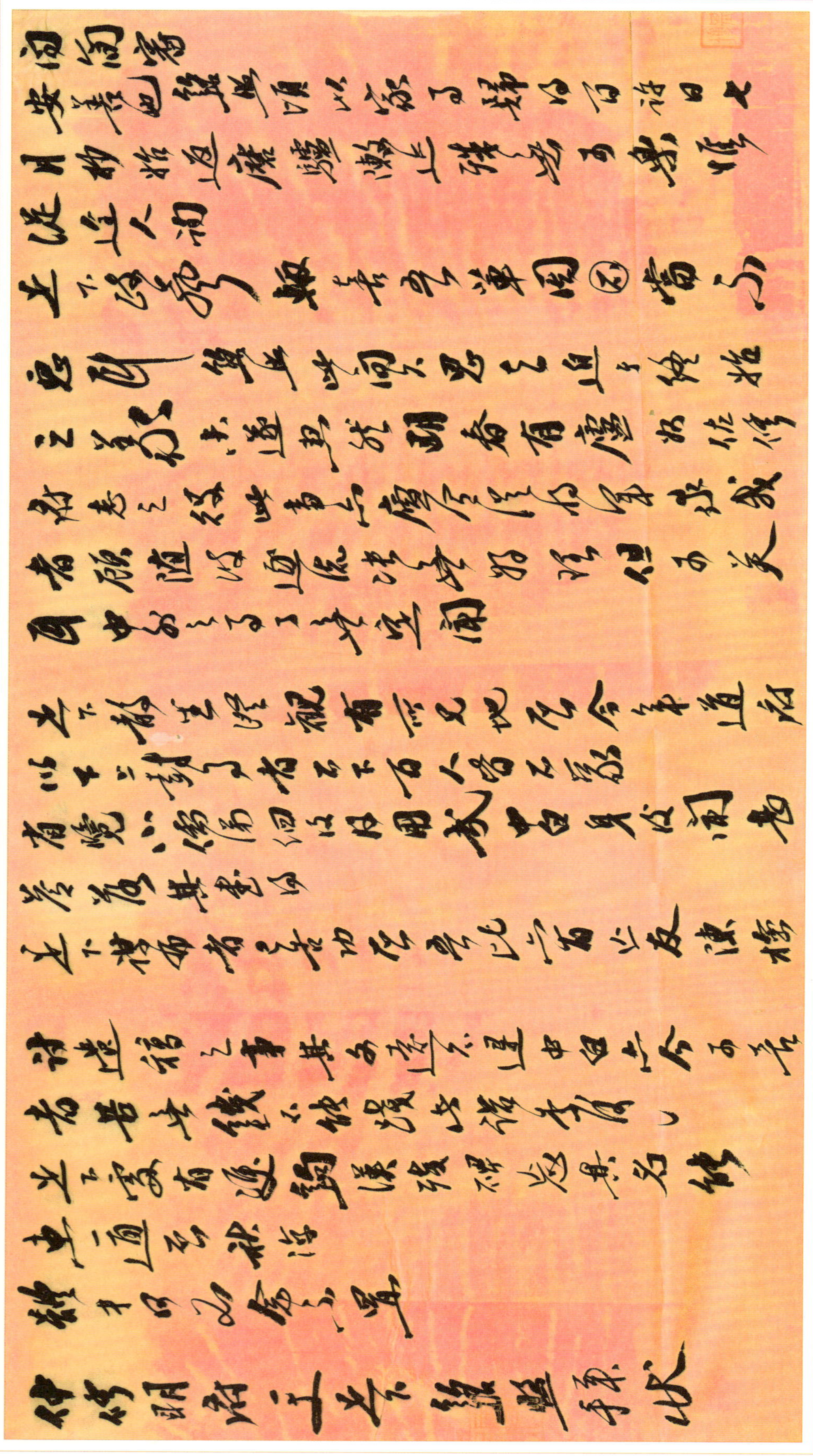

仲脩先生閣下：試畢回防，得

報，並示二知前此

賜諭已得逮也。俞之薦達閩有權事，秋間過

農山，精洽論語集與互述亦三集，不通一字矣。

農山到省，僅補截考而來，又閣以入貲為通判，

己分發故也。

復堂伊適不獲形詒為歉春之

良覿有日，念之念之。執事倘偶游吳間，能呼出一見耆壽齋收效詩道兄爲荷。祇頌不具。朱銘盤頓首上。初九

蓮叟之兄去年爲人擊死，現尚未定讞，執事聞之惡乎止。

金安清　十四通

虛堂病起秋雨涸淋浪雜沓迷朝曦蛐蜒滿壁
苔繞猶葉鏽廿腳松煙歡雲夢七澤猶在眼前
湘遊踪懶餓羸朗然一字叩空谷芬芳蘭芷幸長
攜經年契闊訴疇昔襄河魚大上悲瘖殘吳越吋皆苦潦
招邀二子共嘗俎子佩君季園官菜把紛藜藿浩然命稻
互相酌聊來談素爭析疑長江有志訪南嶽崎嶁巖
碑將探奇居莫薛埋手鐘鼎或考唐宋題名歸來

墉腰脚頗未及實山空入徒嗟洛墅州漫叟寄新拓

謂子但云是六代蕭梁碑渾堅有穆數北派温潤仍吳鍾

王婆固知法帖異精碣石書第一劉唐麗後來歐褚

各師法努力袪愧撐頹巘何如仙人自偏樹琮璟瑜

瑊光陸離有唐藝苑崇墅表明徵只差少畫錐

辰近一一席貴狀視贋刻帖之之微麻多只契賞所割

賸明識金石其先資竹垞丶風百年歇張

芝生 珠來 朱 拱堂

繼起循前規發餘收物多散佚冀其振起以衍衰宅

印學會紙山以移張辟但見秦漢碑鑑中首翁岩只

歎不能踏破金華也

仲修先生過訪留飲寓齋以六朝新拓名碑為

贈並媵以詩呈請

政和時巳巳八月中浣愚生金安清肅草

仲脩仁兄有道侍史：一春箋組，久歡談讌，業得

來書，嘗有當時杭房請吏大平歎，是我輩又何論古人乎。

近今後嫁女，僕僕頃來陵旅

手向先梯

新詞健玉白石，不期不窮，專美又貴我一蓋薔薇露，更俟

之同人，皆為欽佇。弟亦東歸，效顰已惠，鐵筆特頃矣。今年

春寒特甚，上巳拈禊，垂雲偶一臨，秋又如意矣，梅花

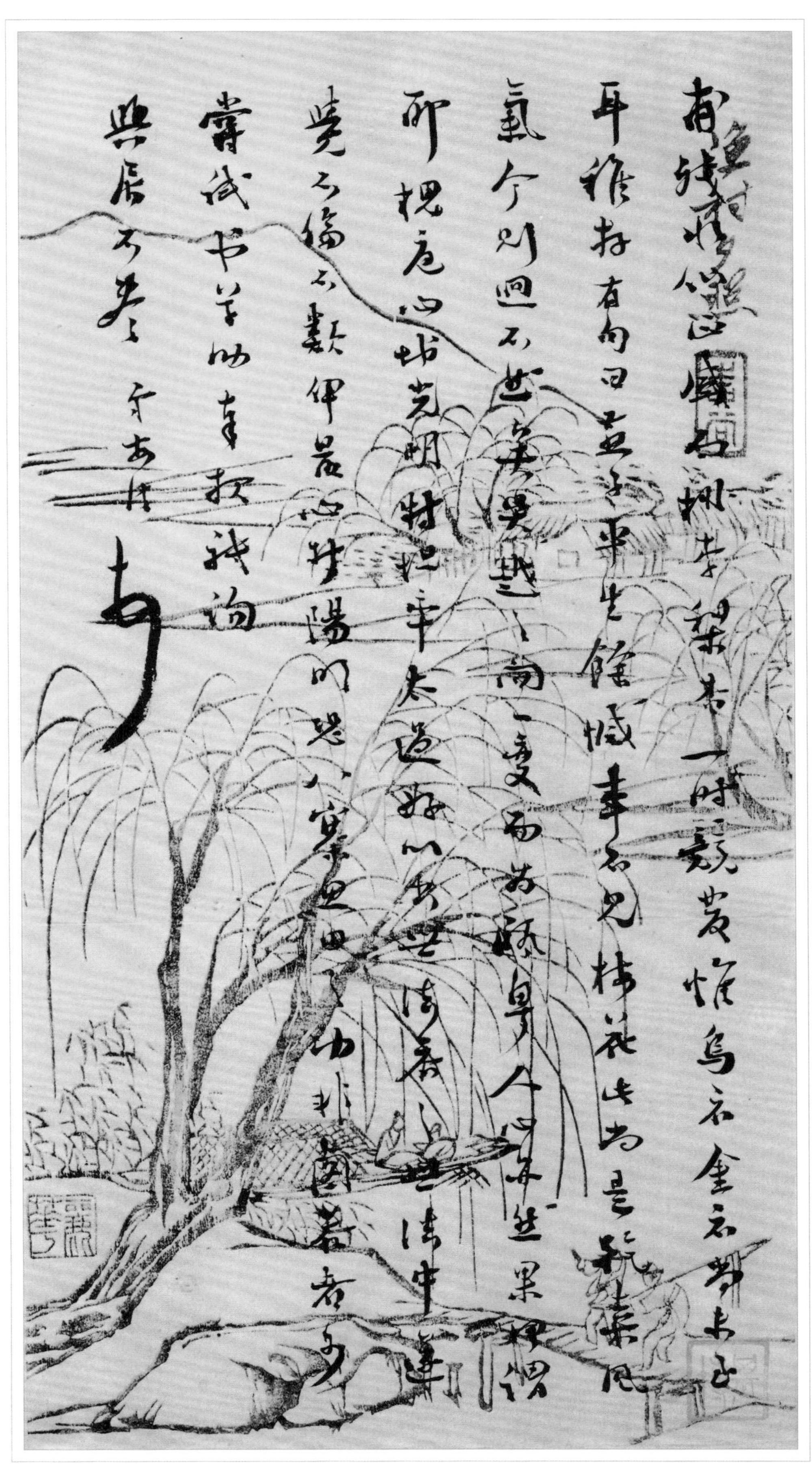

華山頹猶留百年歲多少名流署者者彼過亭會來

錢唐梓澤此才端合上蓬坡逢好雨舍辛辛奇西湖

地摘煙蒼波為駛簇簇勝千首一亭數曲勝閒歌

壬申二月山樂舉園以壽字見觴

仲駿先生前得一律依韻奉

政

居士弟金安清手草

集希周鶴梅步鐵道人壽印用白石原韻奉和

仲牧先生之作

嘗嗟南浦任花飛文書翠羽隨風錄太樸針黃道遥若

若宿去雕閣上樵都是昆盛時稱韓文与刻名曾附作今推

文章是誰太守醉草半寄竹擬句寒從東南把酒共憐今雨

時影成收張三成傳來堪題柱傳如許高印濟火向府

弟生魯安竹華

老懶衡從破紙蓬〻藥裹中天心渺難度人事苦相
同西根平安天南廿畫殿閑風雨只猶遐想浮海料船東
雨舟遲
仲脩之正以詩見貽走筆奉和更期從睦湖上也
鐵華道人安清草

冬日湖舫訪
仲脩學博不遇，叶近舍寓舟之解纜矣，留題一闋，仍步原韻寄請
正拍
暮天深靄西湖小艇，倦客悵重到題鳳偏遲，盟鷗已晚，門巷又隔
居陰無獨住，西風一樹。（與鐵華唱酬掛日）恨庾郎年年什不追尋，一面三年三
秋一日，正是快修。十許芙莊還老快，怎來有倖冪斂朝暮搖曲
府迴花代柳，小休歐寒鷗沙，正凝眸平原蕉漁與玉人把臂入
林，可奈爭那遊西莫訴愁心。
詞宗一笑正

鐵華居士金安清草

仲修仁兄大人閣下昨發一牘計已
達 左右 拙詞未知寄
奉 仁棣歸之速
御覽即昧如之而高意憐不超向也腹痛今年長夏京都起
樓庵于高來 會逕署篇詩
從者還錢仍平原十日之敘息得此行實出意外平生述如著
及今不交定為不收敘借今日而行攜遣僕往探大貴身後之
事 亦 當任之不必交煩趙何中丞當聞一才人能得易失天下

瓶拙不高，正比所說酹所事來。

義不肝疾，去歲旅秋，不堪紀錄，以以後遲期，悼嘆橫行材措。

嵩庵直是嗜好天日而五壽節藏之，與劉家同斗真人間

敬奉，手此，請頌秋

興居之吉，不宣。弟頓首

秋蟾園弟

直一題

掄子之言

不信劫人生四十
尚思更賦哀江南

讀書種子

用姚廣孝贊方
孝孺語

仲脩仁兄大人閣下：別來半年矣。

江東羅隱有目迷五色者，何以來城步，非意計所及。蘇老銖

夷然。今年會墨千一合，此竟是三十年前稱識之費，又何須意

元作趙儀，用千金以逐德經，操兵以理題，所意有乎？蘇老比干者

其作李詞，弟則不能作違心之談也。

老兄所欽皖人程書是否合？念念。若陵初生畫梅史詩，名士皆主

仕將彼，弟則且城固久矣，皆由字人人數家作曰

雲程正走，可量也。好明。弟老境日增，未奏以來，今千日不小病，筆

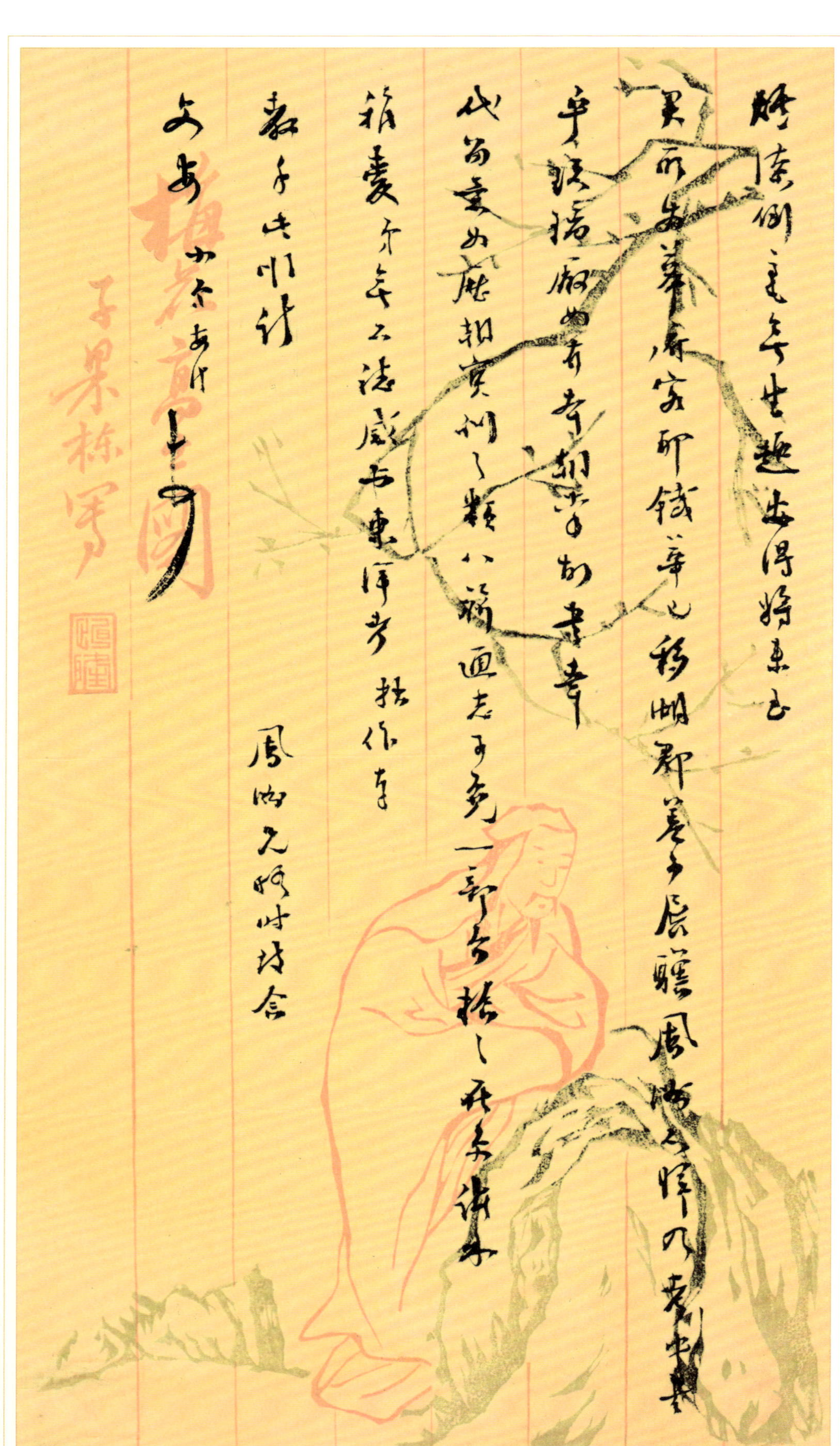

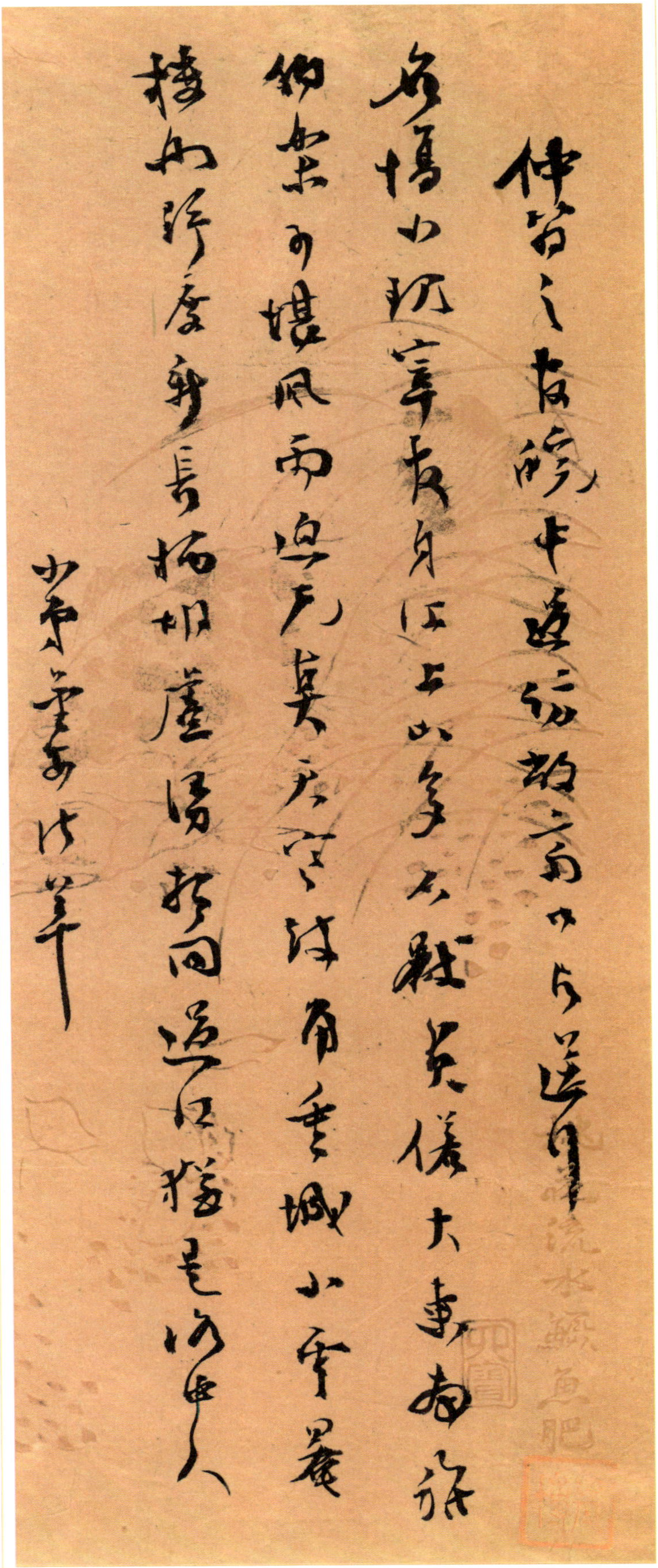

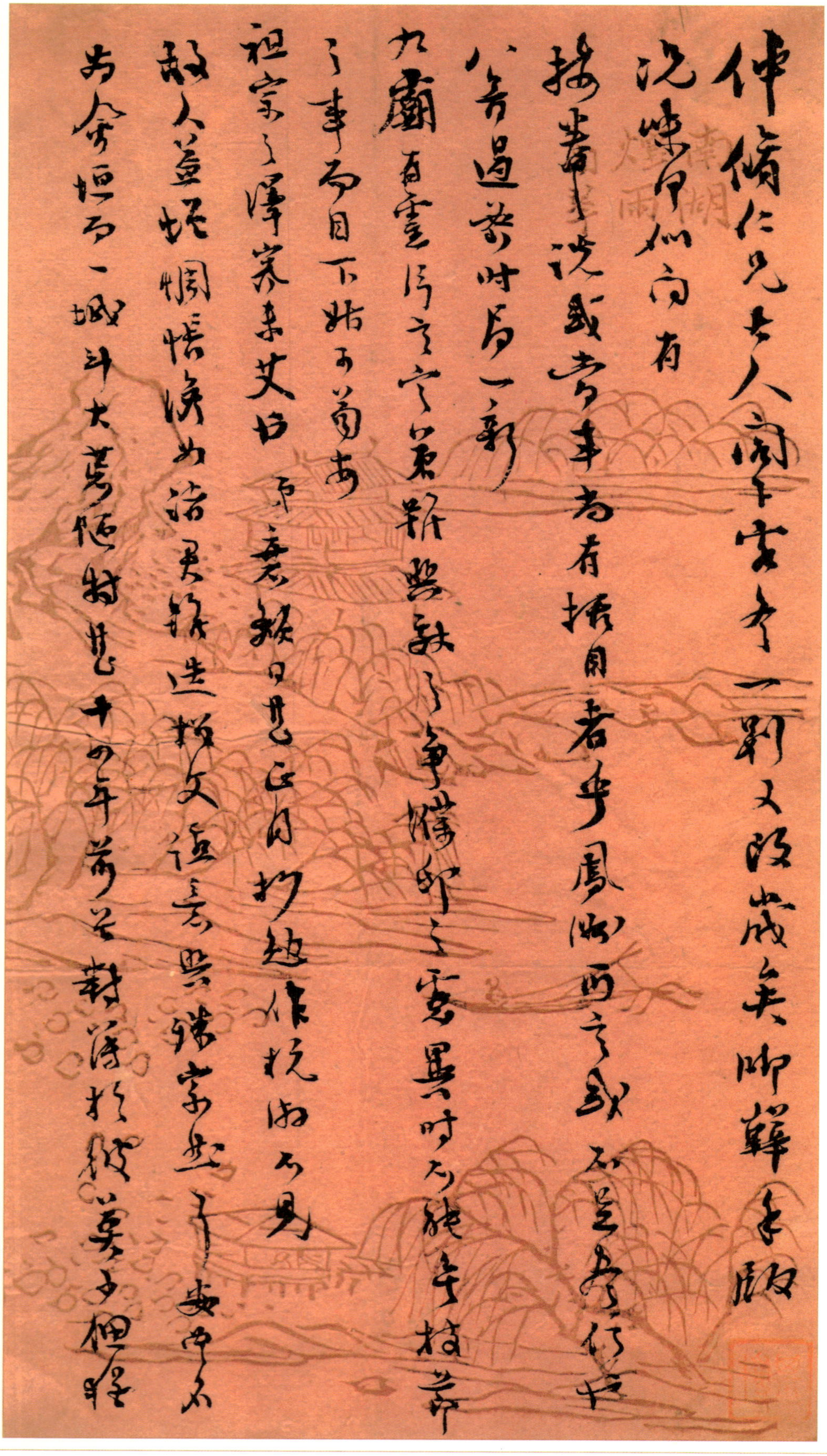

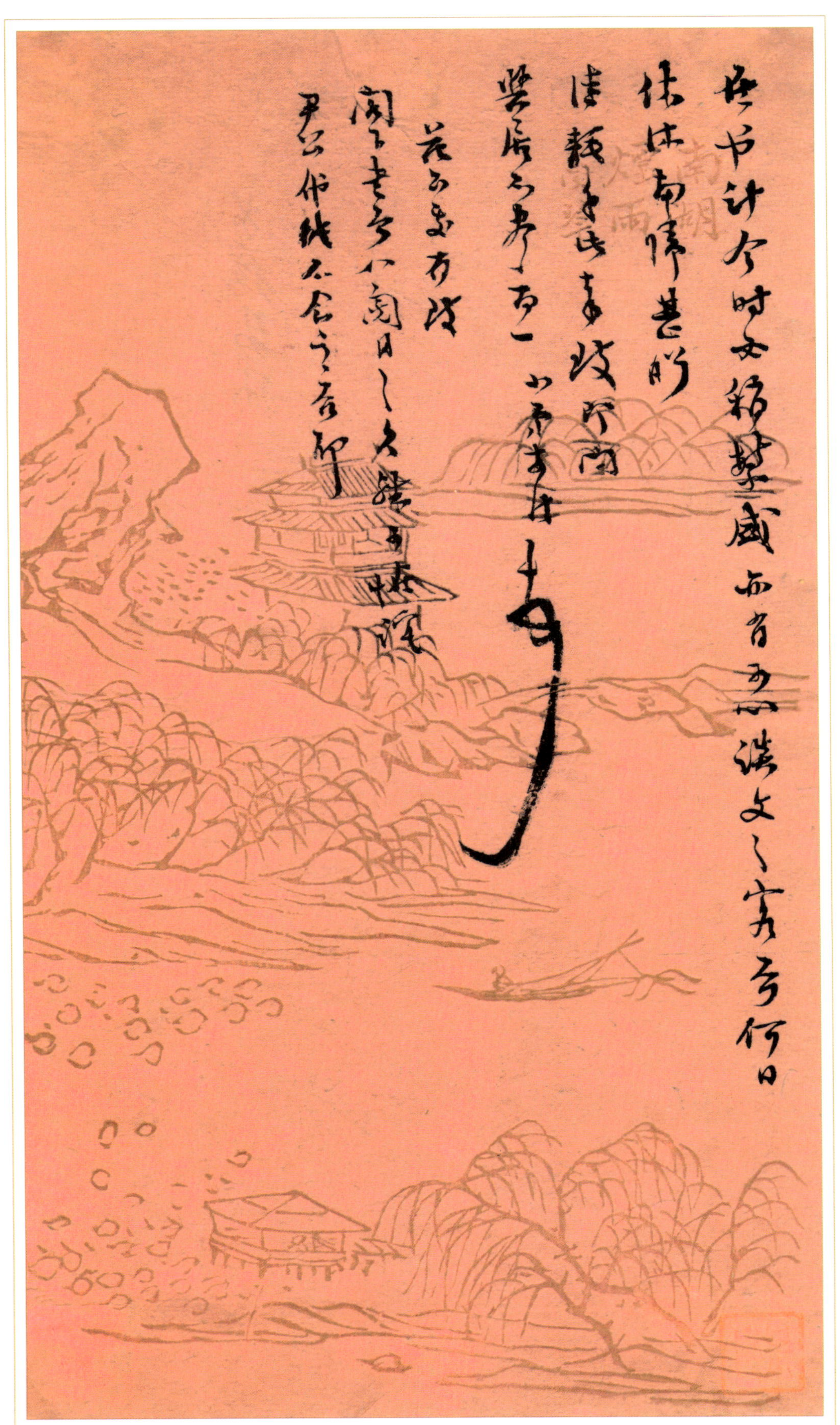

前歲摠拜圖相並尚有琴廿年無醒同心寄言隔萬蓬

山渡遙美人襟　夢比秋江遠情同對雪深從君青鳥

去況々亦新聲氣祥指日於今

以秋江新年也

仲脩題小像詩拙和錄寄去兩不寐共々乞悲鑒也

錫英道人作

病後嚴寒懷吳山果卿寄杭州諸友

潤宣弟潘庭芳

春將來乎歲云暮笑紙隨以屈指出再生同度三月華燈

煙天上玉樓樓二七事救餘年何醉花前真頹甚憂時若憶寒

夜半二七眠虛名年少誤一時將相變色堪悽漫比作花悵持

當高庭景界山中穩臥且折氐腰且看青天時來去耕莘釣渭

安樂學神仙

活水三叉莫田氏詠為居前後環繞高樓眺遠古塔與雲齊

添得數株水樹倚闌干草樹凄迷呼童僕隔畦蔬菜種

滿山亭西　北城圍雉堞叢叢斷柳峯遠雲低傍紅墻者
酒家樂舉襟互賞搆心文字唾壺碎天外鳥啼余心樂神明
處偏矣愧後矣疑
自古以來一邱同貉何人能辨雄雌寔甚惆惆便是大伎宜乘
倒浮雲富貴閒看利達化癡兜開笑共孫卿借大一枕夢
酬時　多生文字障老來書卷終日送夜慢撥討千秋奧
義微詞百思莽騰胸下抵促華萼起蛟螭魑與魅但經年
燭照魑魅者支離

連歲黃壚感人白髮只餘對此晨星齊名李杜高出庾延
陵畢竟何陽花好豪金谷碎眼纔青相與更歷了嘗小寒月
阻逢行　佳辰將餞臘喧闐羯鼓兒女圍庭正笑推齊放十樣
花欽喜值山妻病起呼雛武金盞旅借漫天歡謝家群玉
舞影祝仙齡

近作錄奉

仲脩先生一粲　雅章粗成了尚不足當

白石精讀乎

儋近人金安清稿本

鐵華見和前詩索促予再倒用前韻以答並寄

仲脩學博同正

吳國下大夫翳相之鼓射偶然訪湖山枯樹亂於柘喜見雲霞

交本是錄詰挺河淮探其源衆約扶以鑄八九是吞胸十千

追論僕菊傲猶倪階前東自非架長虹亘天半寒風方可涕

特係真瑣瑣躬倒原造化身隱牯甕山躬耕且學稼莫錢得

齊領語方汝書貴十二篇復十決音兵不輕罷由祖牽牛羊從

戊辰春頤伯孝占

見眉謝椽阮佳平真摭文蓋久假垂倬方冬轉羅貴相
夏氣已盡雲甚大將及宣榭未是秋旗寒秦值夜行大寒心
心已傷矣手手頓藉揭後君之餘熱爵古甚亟衛承三百里相
思直命駕長頓如類矣蓬頭千里罷翮於燼為蓝蘇酒闌於指
蔗有時雜悲喘神思爾你評豈笑昔古人倚枕斛不傾歸來
思實勇聲鋒集幸舍子散刻中舟已越海易堤參商矣和
遊歇、帳中夜崔杯聊將韵胃臘佳如濱新詞而風字墨濤

滿衣下顛頭喚君實此家得手從煌煌東方日雖大小遇赦
未必屑就呈已使姬牟帕蓋了靜女棵紅杏方待嫁

銷英道人金安清草

仲修老兄先生有道弟歸武林匝月之留僧樓
談一次中心悵怏殊不能釋爾念徵逐之餘病魔迭擾無之言
歸此衰雖不舍西湖了
三下耳　極作承
鄂刻極徵極當頒唐良切此板在上洋擬將歸何手
就書局中手民送一覆正之也
大著吳沈二傳不贊桐城面目而自出一甸古樸標異遠秦大青而
生平之無諸自見之亦有知當為膜拜　敬甚老枝脫科而為發凌

吳學芳蓀戚德甫亦雄於文者，能以三十年心力一新壁壘矣。其精
次郎中式蘅留函名將可爲一擷輯也。壽苗作了十二律，亦爲
敬辭寄上斟酌
爲同人和之，合手此以道謝，請
以籌安 小弟安德 頓首 廿六

張鳴珂 二十三通

仲修仁弟大人如晤：日前展誦

手書，敬諗

台從爲越中之遊，上會稽，探禹穴，欣羨無似。奉寄詩牋、信書

一函，計已

鑒入。比惟

儷祉吉翔，抃頌無量。兄近體如常，兒女輩均感風邪，咳不

停，心甚悶。寓中臧獲無不病者，連日延醫撿藥，忙不可言。

委辦古文辭類纂，稍遲覓奉。局事既有定章，蘿翁

又不到局　鄂衣如能寫辭請　棣翁檢寫一二縣冊籍兄當竟日夜之力爲之勘對之畢更换如是兩月當可告竣

老弟以爲何如請

與棣翁鑒商惠示爲盼至　蘿翁處兄亦旅居在外亦不便冒昧

函商如冊籍不多即兄一人料理亦可總行（棣翁函云樞重之事未知尚有多少也）

大裁酌奪爲禱　沈韻初病殁吳門遺命以金石各種盡行焚

化　李眉生方伯往弔黯之　太夫人不得　李筱漁太守切實函求

乃始停止然金石精美之品已燒三箱　海内所存漢石經兩本但

歸一炬可慨也　景卿昨來蘇城寓　錄青受逸叙百　辛楣至吳後一詣諸江日內想可回櫂矣　忙中布復不盡萬一即頌箸祺不宣　姻小兄頓首

六月九日

仲脩仁弟大人如胞：皖水吳雲，相逢千里，魚沉雁杳，倏已數秋。去冬渡江，於輪舶中卒泐數行，託雲間錢君袖致，未知能否達到比闈。

榮蒞劇任，來暮之歌溢於道路，下風遙聆，歡喜無量。兄要蹭秋闈，心如廢井，去歲榜後謁劉中丞師於南昌，勸令出山，今夏集貲赴都，加捐縣令，指分江右，行將來裝赴省，惟望

治譜遙敘，俾資韋佩，是所企禱。肅布賀忱，祗請

升安

如小兄嗚珂頓首

重九日

仲修仁弟大人如手：十月杪由桑根師處寄裹一函，定邀
垂鑒。比惟
政績庥嘉，
起居遙適為慰。見浮湛志局故紙鑽研進呈函序，
已繕三分之一，大約明歲夏首春餘當可蕆事。松鄰權
篆廬陵，昨有書來，丁漕踴躍，已得九千石矣。郎亭學使
有搜輯江右金石之意，果能如願，亦佳話也。館潤分卷

芍卿為巨擘共得二百十六金已匯寄矣 拙詞 如蒙

賜削並乞

惠以弁言明春擬授梓人以供覆瓿如何同雲洒寒江波

無極懷人望遠我勞如何亦祈即請

升安 如小兄鳴珂頓首

臘八日燈下

寒松閣自書片

仲修仁弟先生閣下：塵勞鮮暇，書問久疏。劉君小霞來自皖工，詢悉起居無恙，政通人龢，懽喜懽喜。兄秋間奉檄權篆新吳，年穀豐收，地方静謐，吏役積弊，鏟鏟釐剔，詞訟隨到隨評，々隨結，尚無壅滯。家慈憚於遠行，尚在禾中，兒輩延師課讀，頑鈍可笑。松老瓜期早屆

因正任另案衡任得呂輝聯　揚老今冬大可妥

署　尚御本在揚未之前緣清江交代未敢遽任

印結轉爲懇　察所懸耳　餘謝何時出都　桑

根師起居何似想常在秣陵抑曾返故鄉否　匆匆

布肊不盡所言　敬請

升安　諸惟

垂察不一

如小兄漁行頓首

十一月初八日燈下

涪州石魚曹士中題記　光緒庚辰聽鄉製箋

仲脩仁弟先生閣下：壬夏挈眷還禾，道經皖省，時已薄暮，不及登岸一敘。起居至今猶耿耿也。兩年來人事牽綴，懶於作札，前月接奉手書，備紉心注，並讀鸞翮肥水動履咸宜，欣頌欣頌。兄昔年歸去故里，榛蕪擬卜一椽，卒無當意，今閣薄遊江城，遂有以平屋十餘間求售者，以千金得之。打頭屋小，容膝居安，蒔菜鱸魚足供甘旨，豈料蘊青一瞬盡付東流，收拾叢殘，不及十分之四，去歲廬江師莅浙，力勸出

山九月間爲 家慈稱八十壽觴仲冬挈 兒子元壽赴江右下榻馮
子丙處銷假後即委辦新建粥廠從事兩月以一勞績二月初元兒
入贅 方少庵親家 少庵績谿人江西通判現辦景德鎮保甲
眷屬移住浮梁 元兒入贅後同赴浮梁現在縣署附塾讀書 兒於
三月間奉委至餘干縣幫理詞訟此係中丞新章凡上控案積
有十起未了者發一委員幫同審理 兒此來已有月餘僅審結一起
餘皆傳不到案大是難事幸 芍卿係舊好諸事俱好商辦
也前承
惠寄莊氏周易及 滇中詞均已收到詞選精美之至州窓絕妙

好詞之後可以雄據一席矣

來書云歷代詞錄行將登梓乞願先睹爲快也兄去歲編定拙

詞兩卷意欲付槧工精刻迄今未暇前漢書已讀一過並用王懷

祖讀書雜志張嘯山舒藝室隨筆諸條錄寫上方以備觀覽去

夏又向　槃仲業頭借得顧澗蘋校淮南子係用宋本及道藏本互

勘校讐極細因向浙局購得新刻本校錄數卷擕來章門去冬在

粥廠辦十餘卷比來餘干始克校數近又薈萃名家駢文擬選

正宗續編惜所見未廣茲先將已經寓目各種抄目呈

覽近時坊肆所售後八家四六所選張皋聞賦數篇未免高古李

申耆數篇是於散行之中用排偶之句均非駢體正宗又姚梅伯所選分類駢文純駁相間未免貪多總不及西溪漁隱之舊選也尊意以為然否拙著說文佚字攷去歲購到王菉友釋例一書似尚需改動潤閱上海書目有鄭子尹說文逸字一書已託人寄購未知體例同否江右諸同人可談者覺軒已病去省芋仙病亟臥牀窮愁落寞勒公遂溪之為河帥少仲先生令嗣詩古文辭皆有法度許季仁太守喜度曲嬉笑怒罵皆成文章辛楣為節署上賓不便談讌子莊仍擁皋比兄出差時尚未來江也松谿遠隔千里徒系懷念蜀山在餘干舊雨

重逢談讌頗樂去歲在
樂仲處見雙鉤朱博殘碑云係
尊處所刻箋中詞宗者甚多兄所攜一部為陳伯潛學使取
去如
鄴架有印本便中再
惠數分為盼中法和局已成竹質此行當無頓躓也專肅
布復祇請
升安諸惟
荃察不宣

如小兄鳴珂頓首

五月十二日餘干官廨作

一兩月內如有復音請寄餘干將來回省仍寓蒲萄架子陳公館閩首府已詳請委發審局差矣

夏秋之閒追暑湖上備聆汪南士先生文臺手校孫刻小字本說文校錄一過又於友人處見彭文勤公所藏汲古閣初印大字本說文及段若膺說文訂互勘方有數處為段氏所未見也又校汲古閣漢書十餘卷律歷志食貨志中尚有誤處王石臞張嘯山均未看出自極奉新此事係廉卿手再頌台安 兄鳴珂再拜 初九日四鼓

仲修仁弟先生賜覽：去冬十一月劉小霞明府家序赴皖，託寄尺書，未知能否達到。昨接正月初八驛遞手書，敬悉升祉吉羊，快如心頌。兄蒞任數月，評結五十餘案，擿奸發伏，嚴辦主唆，詞訟日漸稀少，書吏家人同聲叫苦而已。文廟久不修葺，材壞日甚，擬集紳士商議重修，未知能否如願。前經交代，兄於限內出結，本可得一分先拔委，但至任奉新時，門丁用事，上游耳目甚長，璧竟差到班，忽然扣委

諷令四籍殊可惜也　西雲筆記不及付梓　擬帶歸閩中耳
芍卿清江交代後任家居潛遁追還結算尚需時日
松谿兩載廬陵官橐充裕聞至得孫旋夭亦小失意也　覺
軒名心最重左江已刻邕詩集一冊明州繫年錄去歲及今人
纂錄西江近事將排纂成編也　兄判牘餘閒輯談漢書
松翁詞卷須四百從付梓應鑑校較便耳　許益齋刻頻加以
詞蘭艇寄贈精雅已於原刻殊可寶也　匆此復請
升安　二月二十三日如小兄炳序　南

仲侑仁弟先生如晤十月中旬 陳丹崖大令轉餉入都道經
貴治託帶數行奉候
興居未得
還雲殊深系念辰惟
政祉綏和
履綦納福為頌 兄從公瀛局奉託粗安拙詞已付手民寄
呈兩本伏乞
大教 松谿上書乞病有下澤款段之意果遂所願誠大物

也 覺軒建昌乞病調署上饒 胥纏既富意氣自雄
子因補官將近 幸播有粵東之行此計亦良得也皖中
近事如何 星使駐節臨淮聞係意昇之事西江肯邑
已預備供帳而茫然不知何事外間謠說紛紛皆足令人齒
冷也 德中丞於月之十五日接篆意甚和平而齋整肅較之
安仁殊不相類屬官進見皆欲撿束封畺大吏果當爾爾
絮絮布臆不盡欲言即請
升安不一
如小兄棋棋鳴頓首
十二月廿七日雪窗

再啓者休寧 劉蔚卿太守與蔡其壽菊生嘉善典
當貿易寓居浙省數十年矣 蔚卿亦在當鋪學業戊午
己未之間 桑根師寓魏塘因帳房 黄君年峰孝侯先生族姪
始識 蔚卿嗣後其時兄在署中相與 蔚兄往還交好皆省克當門丁之理而後與金氏議婚姻耶 李景卿倩禱 蔚卿亦來幫同照料
兵戈擾攘之際 蔚卿捐納縣丞佐 錢調甫中丞辦
理釐經 李伯相派往全階迄年在蘇辦理六門釐
金總局今夏入都引 見先有桑根師姪壻 張瀚堂
中翰 德霈布棩謠言謂曾充 桑根師門丁掛是印結
局 光稷輔巡有罰令捐會館銀之議經 江香嚴先
生 桂高大聲疾呼力排衆議而結局從以 張中翰為
群氏館甥言之不爲無因籌議至再始允請 程覃
林從寬諭公致書 桑根師詢問確鑿及得回書而
衆疑始釋當即出具印結証料又有黄某從津門回京
造言結局中館局中遂具呈請扣驗看而嗾 慶華廷
侍御錫榮之疏劾也現奉 諭旨命兩江安徽浙江查
辦如公事到縣務求將 蔚卿被誣始末
轉告休寧俾其冤昭雪則感同身受 棠又啓
桑根師處皖省京官函別紙錄呈
台覽

復堂仁弟先生如手足前月廿六日得 階和函知 華潛
安葬擬卜兆西江尚未擇定並歸山參四苗屬兄與
執事分送並附寄一函 兄嘗將來函封寄鄂渚人復暫留
擬握手時面奉昨初一日 范湖過訪知
台從已還杭州未知湖上書局之信有人代收否 階和函云
墓志係傳後之文題目擬加 皇清二字又末段歸葬富陽
云云既在江省卜葬似宜更易請 諱年伯酌易數字其縣名
地名或暫空白並將原稿寄上祈乞
酌定寄我爲盼專肅布達敬請
道安 如小兄鳴阿首 六月初二日

仲脩仁弟先生閣覽：日前寄上一函，定邀

垂鑒。秋風漸涼，想

文從當作楚遊。擬署近来詞訟頗少，縣試擬在九月，易賞

甫六約秋涼来潯，

錦帆如抵九江，務祈

惠顧，作平原十日，尚以慰廿載相思之苦。小詩二律附呈

教正，即請

著安，不宣。如小兄鴻藻頓首

七月二十日

遊宦嚴耕吹水

細林山館摹

腸斷江南，甚梅雨釀成愁病。憶那日吟牋硯匣，清窗安頓。貫酒儘消司馬渴，尋春易惹樊川恨。問五湖煙水是何時，風波定。　眉待畫，簷妝鏡。心仍怯，鸞鈴韻。笑當初只道迦陵共命。可不由人風絮轉，一年又盼秋期近。溪從頭清楚記悲歡，徒搔鬢。

庚午五月十六日桐孫杭州書來，附錄江秋珊原為明鏡室詞中滿江紅一闋見示，叙感頗難言之。欲然梅雨浪浪，益增棖觸。翦鐙孤館，依韻和之，錄呈

復堂主人大詞壇教正　紅豆詞人鳴珂時客吳門

風雨蕭蕭最無奈茂陵秋病歎我亦家徒四壁歸難棲
頓未免有情誰遣此不因無益翻添恨指伊人門巷是
相思前緣定　褰翠幰重窺鏡拈紅豆曾酬韻願緣
絲繫臂祝御長命生怕東西溝水逝那堪哀樂中年
近鬢落花禪榻感茶煙颺鬢

次日晨起愁霖不止復和一闋迴腸盪氣之語以銅琶鐵撥
寫之未免有拘牽之苦庶猶之病矣　慧僧又識

頹齡均酸急楚得相思徹病聊檢點茶鐺藥鼎旅窗安頓鐵聚六州真鑄錯霧迷三里應添恨洞阮家人種可追還穩難定　紅蘇醒羞窺鏡青鸞杳空指韻料今生無分小憐續命梅雨剛催腸斷內槐黃又迫歸期近奈星星華髮易蕭疏嗟潘鬢

辛楣和予滿江紅詞紅情悽婉不忍卒讀再填一闋仍用

前均錄請

復堂主人賜和　庚午長夏慧倩鳴珂倚聲

丁丑夏秋之交宣南小住兩月有餘莊宜農部子縝編脩雲門庶常弢夫比部笑清孝廉命酒徵歌談讌彌洽霞芬獨出冠時而大雅群芳小集未曾著錄率賦浣溪沙兩詞錄俟復堂詞伯一粲　壽九日嵎河繕本

紫陌迢迢碾翠輪情攜羅帕拂鞾鞾歷搴帷剛見玉精神入座殷勤斟桂醑傳歌宛轉訴蘭月金尊檀板縱銷魂

麋月樓邊品藻遲，羣芳誰註好花枝。櫻桃紅到十分時。團扇新詞如夢令，洞簫私譜有情癡。酒闌鐙灺輒相思。

硯悦齋出歌郎七兒小景爲題好事近詞

北斗正闌干，行遍竹林尋覓。勸歠玉川茶罷，倚頰牀將息。

雙星脈脈渡銀河，問今夕何夕。手挽么絃無語，伴微雲詞客。

畫船載酒，剛趁著晚霞明靚。正印遍桐舷，攜來叢侶，那管湖天弄暝。兩兩鴛鴦，蘸飛起、又悄倚銀塘窺影。憐拂袂護香，推篷延爽，玉肩倚註。　愁凝。山眉遠黛，傾蛾低映。悵雁底煙涼，鷗邊夢醒，風露一（作平）襟瀟冷。仍擷蘅芳，歌傳菱唱，多少憐歡誰省。須記取、一諾微波，搴扇自以奩窺鏡。　二郎神

李薌宧農部屬題秋江蕩槳晚霞晴訪意畫扇，用陶子楨太史均

復堂仁弟先生詞壇正之　丁丑九日嘯阿錄呈

虞美人

泊石佛里

荒湄斷汊疑無路中有漾漾樹幾家臨水擁雙廊鐙火樓臺舊夢認依稀（十年前避兵居此）湖田菱艇纜分罷采采人如畫滿灘明月泊孤舟吹老西風黃葉寺門秋

錄近作小詞塵

復堂仁弟先生拍正

重九後十日心東臨河

雲藍閣

鸞鶴久離羣，相思隔暮雲。扁舟来小泊，江岸已斜曛。顧我欲歸去，何時重論文。把君詩卷讀，懷袖有餘芬。

光緒八年孟夏道經安慶有懷

仲脩仁弟先生作，詩塵

敎

嘉興張鳴珂公束

何夢華摹

勒于南昌縣

學公之東記

我昔襆被東湖東，校讎志乘經春冬。宵深一鐙耿如豆，霜寒寒月落閣清鐘。鐘聲縹緲度林樾，隔湖樓閣煙濛濛。相傳南唐南昌尹，捨錢鼓鑄振聾聵。春雷奪響冀廣設，仗此良因固身宮。主因火劫閱千禩，堅牢壯觀非凡銅。明誠未著金石錄，往今寶器霾塵封。趙撝叔大令纂脩通志刪金石一門郎亭學使雅好古，商榷文字求遺蹤。輶軒纔駕素旌返，搏沙鄰撤嗟匆匆。予與汪郎亭學使擬輯西江金石志，學使旋以憂去不果瑒來重放西江棹，潤尋古蹟攜吟筇。鐘樓拾級一登眺，蒲牢迭應寥天風。鐘銘隱約膩苔蘚，汲多磨洗苔花濃。文辭爾雅姓字備，書法瘦硬歐虞通。補鐫百言述顛晦，護持佛法惟端公。下層有宋淳熙十年浴室院僧守端題識二百餘字，此翁覃溪閣學椎拓所未及也惜哉蘇齋未經眼蘚侵土蝕摹難工，方干僂身臥鐘側，仰窺點畫證異同。如獲珠船還大願，以莛叩擊聲隆隆。手持翠墨且將去，樓角已斂斜陽紅。

乙酉六月登鐘樓，訪唐乾德五年林侍中仁肇所鑄龍興寺鐘，屬方臣滋貞吉拓銘以歸，賦此紀事，錄請

仲脩仁弟先生諟正　張鳴珂自章門寄

涪州石魚涪翁題名　光緒六年庚辰聽邠館摹

鵂鶹夜半號荒垌白楊蕭颯風泠泠殘盂麥飯縈無
主遊魂飄蕩如浮萍誰歟瞰空兒眼碧嗟來攫食兒手
鬅兩兒隱約露頭面肢體墮入烟溟溟科頭一兒向前去
兒收枯瘠隨伶仃九原主僕若相守無襦還繫襆與縱手
持蘭朵相爾汝極樂世界攜嬋娟白衣冠者睨而嗌色心
未死春忪惺大兒昂藏小兒伏觥船一櫂無時停萬事不
如醉鄉好清濁何暇分渭涇水賊披髮駕雲霧長軀巨
爪蔓皆瞑焦山僧盧偶一見風毛雨血巖花腥大頭擁腫
邛山戴捷足能躡青雲青蘇蘇小兒走鷲避泥犁寰相

無乏形諸天忽下倩羅雨紙縈渲邊聲淋鈴々琵琶怨
縮爭家蘧遮頭破繳如葉零々鳥代々鳥啄羅殘々骸化枯
骸節々通獄玲天荒地老兀相向不知幾何年歲齡山
人下筆師造化經營慘淡窮出冥雲臺畫像山勒銘胥
挖紫綬攢銀釘華堂歡謹若未足玉簫金管娛清々
聽廣閑阡陌治園囿高築金屋藏嬌娃一朝運盡多
飄風散分香賣履空丁甯雖歌悽婉鄰笛慟此即抔土澆
淥醽功名富貴一邱貉佳城鬱々寒不扃夜臺蘇寞少
佳趣陰房燐火宵晶熒紙錢灰飛旋風繞似當更乞
錢神靈鐵圍山外一四首阿濮婆春夢何時醒

羅兩峯鬼趣圖今藏粵東葉蘭臺處蘭臺寄示映本屬賦
此詩錄請
復堂居士
井花館主同正　丁亥閏四月十二日鳴珂彩定草

紙尾有餘坿錄尾犯雪後寄望蘭次逸之作
小苑雪初晴殘粉畫檐清溜微滴倦柳青慵舞東風無力棲凍樹
昏鴉萬點累斜陽紅闌數尺卷簾凝望盪散片雲江上春山碧
琴尊空訂約曾寄錦字消息蘚徑荒寒阻尋芳履屐採梅折
南枝歸簷倚熏篝餘香悉夕釀愁誰省起弄月明深夜笛

一萼紅

霜次韋門倏又五稔 家慈將率眷屬來江

先期移寓桃花巷栩園主人用玉田弁陽翁新

居韻賦詞見贈依韻和之

拂征衣看緇塵涴盡鍼綫綻多時游子離鄉高

堂望遠頻更佳節芳菲溯西江全家一舸祝馬當

寒松閣填詞起艸之箋

相送好風吹安穩程途團欒唛語休寄當歸
最愛桃花深巷有蔬畦環徑梧井通池位置琴
樽安排筆硯小牕晴旭移遲冬至後一日待重試香心
紅袖喜依然書味夜鐙知且倚板輿花下細譜
箋詩
前調

寒松閣填詞起艸之箋

述懷仍用玉田韻

織弓衣是高歌敕勒橫槊記當時束髮從戎揮
豪倚馬塞垣草長芳菲洗吳鉤自搏殘霆
聽五更悵外角聲吹上將星明捷書露布長揖
言歸　誰分飄零宦海任孤雲出岫弱絮縈池
庾嶺寒梅章門烟柳渡江春信遲遲繞湖隄

寒松閣填詞起艸之箋

看山拄笏算閒情，只許白鷗知。撿點奚囊賸句，補綴新詩。

去冬舊作錄寄

仲脩仁弟先生

蒙榭仁弟同年同正

光緒戊子春三月十八日張鳴珂

寒松閣填詞起草之箋

何處丹砂覓移居效葛洪巷鄰樟
樹下春老雨聲中長物攜琴鶴丹緣
印雪鴻杏紅楊柳綠韶景正無窮

移居近作

復堂居士正之己丑三月張鳴珂

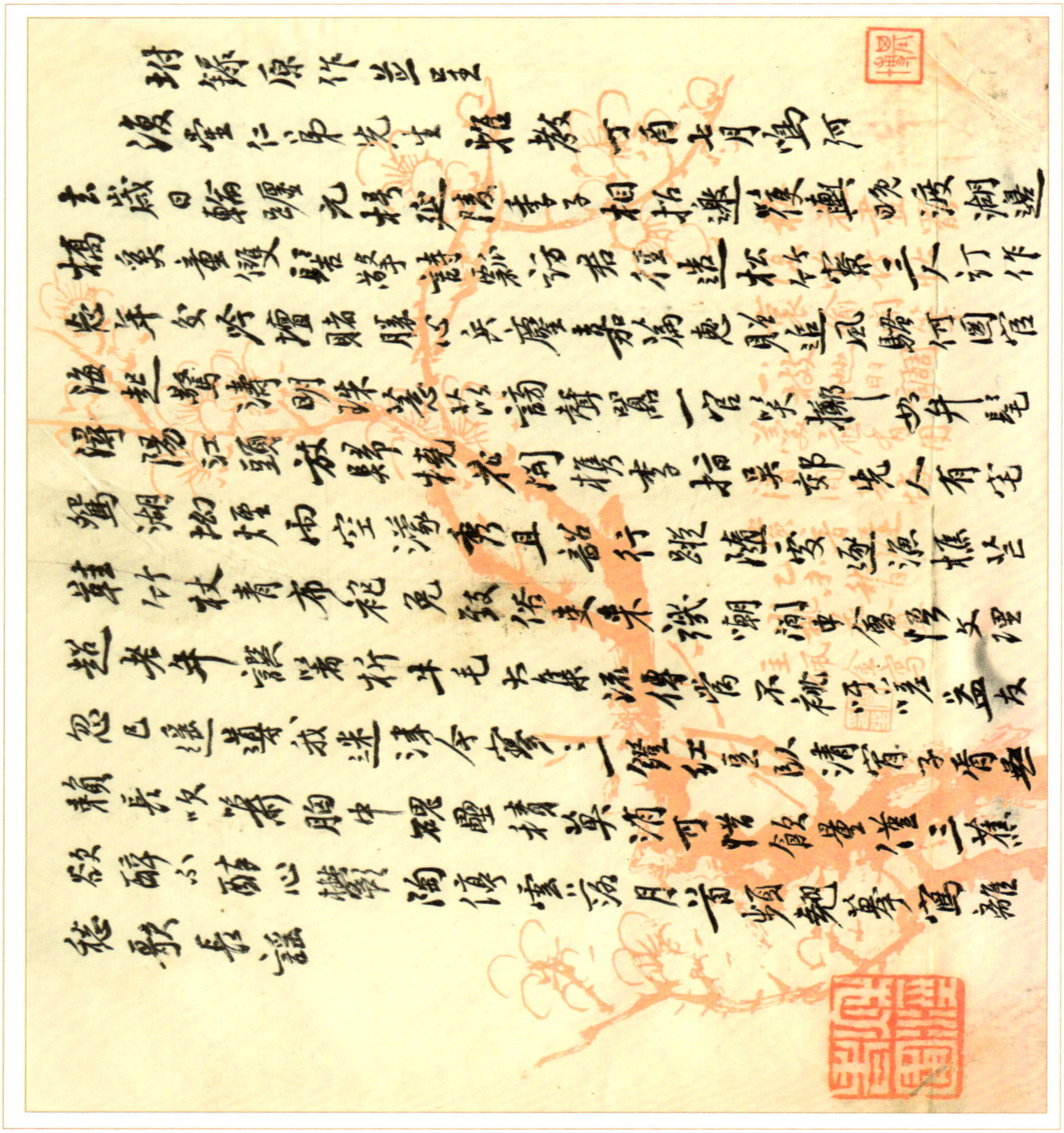

埽花游　題吳蒼石畫園圖
映階露草，又漏雨荒苔，小門深閉。畫闌倦倚，問東風嫋
娜玉梅，開未冷。抱冬心千夜香生，夢人裏舊游地，賸小小
翠禽枝上啼起。窗外凉似水，看月挂蘿梢，石扶花氣
將山繞几，料銀屏睡足，自饒幽思。浪迹天涯，誤了雕梁
燕子。算歸計渺渺，卿闌客愁難寄。
壺中天　蒼石轄御招同宋聞心、甯藻卿集徐子靜槃園
女墻低轉，認煙蘿翠篠，四環林壑。昔日江湖，曾載酒
老向槃阿棲託。彝鼎蝸蟠，圖書蠹蝕，宅畔留商榷。
熏鑪香燼，夕陽紅上簾角。　䓘喜勝侶招邀，携尊池
上，花底重斟酌。小扇單衫風淡沱，笛裏玉（一作翠）梅吹落。
倚檻評詩，循廊讀畫，醺袂尋真樂。明朝歸也，海天
應倚孤鶴。
疏影　題陳同叔綠梅花下填詞圖，用玉田寄草窗韻
硯池凍結（正五去）。梅競放，霏滿香雪，匣砑瑠璃，鐙剔
銅荷，庭院昏黃時節。衝寒情倚苔階立，有小小翠
禽能說。倚畫闌、細劃宮商，笛裏數聲先別。頻

歲江湖載酒鏡中試照影凋盡華鬢嚼蕊吹花垂
老心情只恨飄零如葉盤渦唱徧歌鬟口儘讓与詞
仙癡絕料夜深夢醒羅浮冷浸半窗斜月
憶舊游　贈劉光珊即題其留雲借月庵填詞圖
向西泠載酒虎阜尋春跌宕湖山料理琴尊與有
高綠肥於排遣中年倦游自倩蕭譜揮灑衍波箋
喜縹緲雲留團欒月借常伴詞仙　飄然訪君處
記草長鶯飛綠滿窗前省識金閶路正江南腸斷
梅雨纏綿怎奈茂陵多病香裊藥爐煙倩後夜相
思重移貫月書畫船
近作小詞錄奉
復堂仁弟先生拍正
光緒丁酉秋七月窳翁張鳴珂

瑟〻西風正報秋，〻涇橋畔足句留。空庭桂樹霏黃霰，臨水柴門聚白鷗。築室遠追吳巨手（吳巨手先生築石齋於秋涇，陸擇真先生爲之銘），揅經深愧賈長頭。壚東舊有王公隱（仲瞿先生故居在杉青閘），遙指煙霞萬古樓。百年喬木今餘幾，生長春波舊草堂。瀉向童時尋釣弋，早經世事換滄桑。移居愛入篔簹谷，避亂常依罨巖鄉。太息江湖仍滿地，瘡飄風泊去橫塘。自笑煙波一釣徒，年〻棲泊向蒓蘆。聽潮海上袁崧壘投筆雲間陸瑁湖七里山塘傍畫舫五茸春草戀銀鱸無端又鼓西江櫂冷落黃公舊酒壚廿載光陰逝等逝波飄搖鞾板悔蹉跎潔泗循水歷巔遠縹緲靈山勝迹多送客四絃懷白傅采茶雙井餉東坡風雲才略消磨盡歸老鴛湖聽櫂歌

買宅一區於秋涇之上喜而賦此錄請

仲循仁弟先生教正並乞賜和 鳴珂

明璫翠羽認前身一曲既闌繞畫燭丁簾圍曉
夢縹襦甲帳占濃春耐寒只合伴梅顛影生憐
與月親湯湯向瑤宮殊豔福天涯多少浣紗人
白石清寒此身相逢淺浦鐵邊迎寒侵羅襪盡微
步瘦怯銖衣怨曉春秋瑟蒼涼弦獨倚無心醒醲向
誰親靈脩消息無憑準腸斷蘅臯解佩人

水仙花用高碧湄刺史韻同潘玉泉李眉生兩方伯丈作

叔平

仲儀仁弟大詞壇哂正

仲來鳴珂

沈景修小傳

秀水沈景修字蒙叔號寒柯穎異夙成讀書一目數行操筆斐然作字真行入古十七補諸生比同治四年泰興吳少峯公補行拔貢生科試君遂入選文筆書勢鮮與抗手時兵事初定君出入勞臣幕府佐軍牘洞世變為全椒薛太守慰農先生湘鄉蔣撫部果敏公物色瑋異地方請肅君膺貢選入都應朝貢被落入資為科中書旋改學官南旋選我濡冠歷署蕭山縣學波府訓導壽昌分水教諭冷齋無三年淹而習學後者往往須人企翔雅甘泉陳六舟京兆尤歎異君書謂得楊少師非花帖真傳君乃欲過知己詩詞雜文無不成家而少奉手吳江沈寅樓示君書翰術仰古法縱橫正變於是書鳴一時迨老而墨本流布蹟越近代展卷如睹晉唐名筆至光緒二十五年年六十五矣十月告終吳江縣盛澤斜橋寓廬所著有蘅廬詩四卷井華詞二卷雜文亦盦落

右錄譚獻復堂文續沈蒙叔墓誌

沈景修

三十三通

復堂老兄先生如晤：前寄一書並石刻經想已
登入。蘭史遺集亦所備一冊，割贈微老詩話亦
亦無存，此老作古後，其茶葉店被回祿，家運顛
沛，其世兄輩未必能料量到此等事，究係而友
人要轉覓之。弟精神每苦疲倦，時而發憤讀書，
時而纂合金石，以故涉獵之功不成片段，兼友人函
日必兩三封，每晨寫小楷二百字或一百五十字以定心
神以活腕力，晨起並不遲晏，每每苦不得暇晷。通志

士苦日短一證不棨綮款　桂青好與書賈交有
朱壯槐庵校書圖索句老兄所題擕來讀過
弟題一律自己不雜工楷惟覺稍心而言脫若恒
蹊錄呈求正老注家以為似何人一派是否眼有空
庵先生言田請　直言示我爲禱　小弟景從手

似水槐陰罨綺蹊秋風落葉掃吾廬卻捲西泠派中
圖海內通行石印書嗜古何人真有癖前身安見子非魚
篋留舊本丹黃編珍重摩挲抵珮琚

九月初三日雨窗

仲循老兄師事：昨寄一函，想當達。中丞寄贈

家南一丈全集一部，此老師事美髯公，見汜潭題

將錄文派，恪守桐城，後有詩餘一卷，能選二

三入篋中。吾陳子松先生邃於經學，其詞不

多作，豪放之氣，獨往獨來，寄上十八闋，能選

三四家。此又楊辛甫丈，為東甫之從兄，工夫較

勝。寄上潛吉堂集一本（選一二詩擬選。此書絕無僅有），意三四可選，此三尺

詞語。老兄能從跋擬語閱幽之助，大笑不知

先生弟子施擁百僚，夢仙表弟詩文皆譚門

徑金石碑帖家為肇究与弟只隔一斜

橋處地可談者祇此數人而已渠所得南

雷硯欲求賜題屬弟轉丐不情此硯

弟舊曾題七古一章並附錄雜正諒尚能鑒第也

欣木詩青字均付字擬改圖字較醒目尊意

以為然否表自錄屢費心手殊抱不安專此奉

布敬頌

起居不盡欲言　小弟景傳頓首

附上旋吳題圖紙一張南雷硯拓本一紙

復堂老兄師事：客臘得
手示，每對牋均收悉。卧歲以來，敬承
潭庭納祜，著作吉羊，為頌。竊居
鄙向從清源而賦詩，擬對懷良辰
以孤往，或倚南窗以寄傲，並仍是請
節本文句，不若極撰游於暇日是騰

玉閣序且切列墅話頭惟屬對又
不如上兩句之工 本生取未定請
老兄選擇之与木石居並之稽居家
合話 老兄斟一句即日示我為盼今
日悶熱雷雷 農人謂之騰道主大豐年吾此恭賀
新禧並頌 眉都鬯吉 如小弟景深頓首
此印社唐醉石刊
臘廿 謹

仲儒老哥如手　忻木兄帶到手書，得悉眷屬為病魔所累，日來想已占勿藥。弟與內子亦於病月餘，初起極險，現已漸次平善矣。景老時通音問，雲老約來盛川一游，因小病而止。景老振作精神辦事，自是好官。弟新得鄭道昭雲峯山五言論經詩拓本值番洋九餅。上海蘇孝拮、沈受恬廣搜此碑，此本舉未被兩君看見，故為本所得耳。中亟頗詳志書，並有搨照會到鄂城一閱，列賤名。實夫兄因勸指不易代為錄去，擬請吳牧騶先生秉筆，有中實必誤為傳，有校讎之役，弟雖不敏，竊願承乏。貫聞此意，乞與雲逸、蓬洲兩

君一商者速便面屏幅俱已書成寄

去乞

察收所求浮一切除去矣人又病心緒

甚劣未盡草覆敬頌

撰安

譚弟納福

樂小弟曼修頓首

霜降節日

復堂老兄吾師來書讀悉翁世兄屬
寫磨崖題名仿魯公離堆記規模尚
存而不見筆致緣黃絕非筆不受墨
之故若要求精須寫定來頁則手使
動也請弼之惟行款甚合式如恐另有
尊墨亦乞 賜 尊夏寫下翁世兄是要
住白下家境如何子謙朋府与吾輩極

相得此諮故舊了思形詢明一切
示復為盼病懶述懷六章寫作横幅
寄上覽了使人不歡來書云葉下秋
氣太重故不敢作詩亦得詩四句云君之
得秋氣我已抱冬心毒事不如意餘生惟
苦吟下四句請老兄續成之近時閣伏
欲堂詩下葉嵌有幾分相似此君詩務求

生隸不肯著意自是一時豪傑之言
乎無味尚不及陳梁輩之集來也
老兄以為平允否稽山攬秀作後幅兩諭
竟是不謀而合太奇之詞則溫君芊綿
直闖蓮生之席矣餘容續布即承
著祺景福　於小弟景從
闔第均吉

洽公兄 面來示已悉 天氣與病人同一慵慵日
來溫理儒林外史奇書妙書天地間
異寶也 下次叔岳母來 小筠太夫人偕茶人端陽
前一日設帨 今年六十生辰 弟欲送聯一副遣句未
成 又不肯落人後語 老兄一揮刀磕頭磕頭至再面
即加墨與霞
貴 大老兄安

小弟 儀 頓

仲脩老兄先生所：表接讀手函，謹悉。闈墨已閱一過，李百賀太守撰作竟是大手筆，新貴中只椿伯一篇不溢題分際，皆是全節題文。弟偏頭風大作，苦不可言。祗有一事差強人意，勝兒將于年中朋好攜札選録大本上，竟有五六鉅刪其中，老兄及遂孫公東寓多暇，夕繙閱如對素心，弟署其冊首曰「賓鴻留爪」，此中有名儒平湖顧徵君師、名臣龍侍郎師、名宦朵根師、名將孫少襄壺彰、名士兄執牛耳、名翰林虞盦桂卿，合大江南北兩浙東西偉人薈萃我一室之中，足以自豪。近作試帖兩首附示教，鮮自以為來必落人後，錄呈教正。編詩作輟一時，未必能成，再於別人所能代庖也。梁聞山論書，自是正法眼藏，惟稱賞三龕碑、李吉老碑，碑觀亦殊不滿意耳。吳江諸生楊東甫棟工詩詞，善墨蘭，弟少時與結忘年交，嗜酒放曠，大有晉人風味，性緣自然。其稿予最也，有詞十餘闋，條送李詠裳廣文雯鈔得者，特寄呈左右以續刻篋中詞能選入一闋以存其姓氏亦闡幽之義也 公東雲吾兄寄信至申欲拓一面稍緩寄上令祥千佛名經少莊居多四匀以分者絕少伯致不免挂屢索此敬頌
撰喜

小弟景階

九月廿日

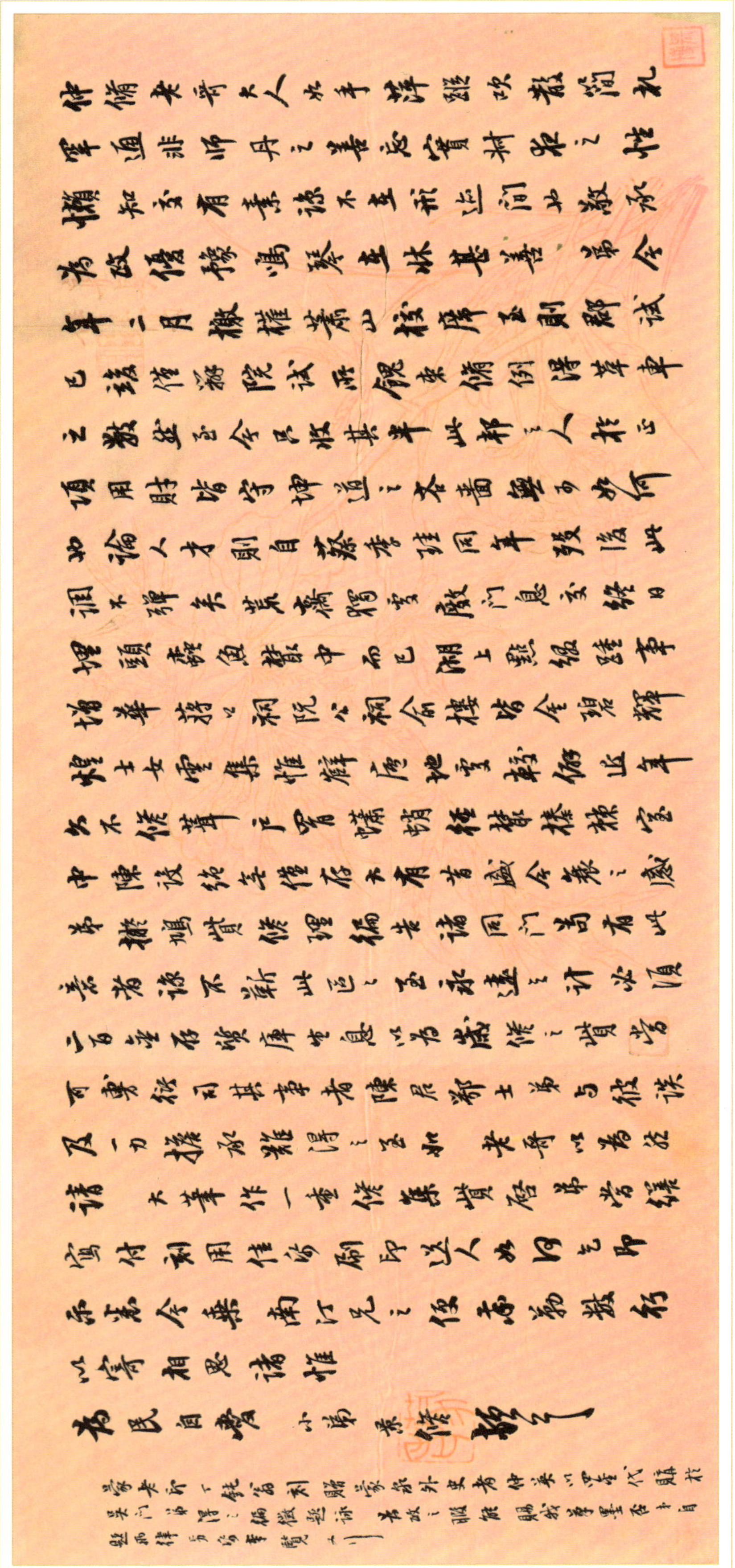

復堂老兄左右：賜函并四十二年經均收到。

今晨又得書并語錄、對蔚附碑墨寶，戌

寫上李丁顧亦將去後留餘可能五百年後

題跋耳。方之倦其三郎出月完姻，家勤方

辭，廑必能助貲，惟須待來歲，請償逋負後

方有寬裕耳。載和現赴金陵，二十後即來，隨

往。辭師墓志、唐碑多書裝分，廣子分路同門

也。弟亦枕未至此，以來所貽篆器，郡齋安團之分

戊子上元綬秋館復鉤梁銘字

密知 賢兒抱病來京，文無進境，絕無希冀，不令應試。世孫已成廢物，惟小孫將來定能肄業。今年七歲，質讀書地中平，寫字亦甚之雅，擬接鄉試，能不手援，且攀重疫，捷大進，家更亦較加意，特責冀其了成耳。陶質臣冀學已有成就，而時文工夫尚淺，且家務分心，不能理頭方之，亦不令應試也。弟以私滑集牙痛日之不斷，易於引動心肝火，大是苦境，方之無與

戊子上元後秋館復鈞梁銘字

大佳龍丈滙丹以來視之亦甚喜且慰以
本省省場各一處故不來杭如進來轉
寬心中不知告有著急以後惠函請逕寄
武昌鄂士者安倫園中陸沈亦少矣鄂弟
寄來叢山兩種墨帖已收到發言清雅作書
後一一為詳之鄂弟附寫奇禱四十二年經兩年
不同來知何者為定本也示知為此列
德稷 鄭和
丈山弟 景偉 書 十月十四日

戊子上元綴秋館漢鉤梁銘字

復堂老兄師表手教讀悉尊體亦大好
半百以外年紀健王者少榆園此舉弟意
不以為然惟成事不說只好聽之弟此次之病作
於從前所未有前月廿四用鍼（弟從見過治病斷根者兩人甚於江湖術）
廿六即發寒熱綿延至今據醫云體衰
於以後含鍼而用灸之比鍼不魁伐惟痛苦
較甚耳日來閉置樓房和邪歸昨今兩夜
寒熱已止而筋骨作痛飲啖少味肝陽易升

觧事生忠肯去遲遲葉便班擢卷行住坐臥皆不適意榆園有藥要半刻無方子療如所撰新房三聯均佳惟長句經操似生琴韻韻字與音字犯複改作琴操何如賸用陳季常故事承改試律數字愜心之至感感大作兩年詞稾俟病愈檢出手繕子訒寄來蘇字騈文集生系議免悖于眉批而出筆覺更自在令人佩而生妬子訒稽山攬秀圖亦必累及

稼華如成句乞示我以為益智饋貧之助
子用經冊縱敦促為感 農山近況奚若念念 伊
來盛時忘記一墨盒于舟中 弟去索回彼將
寄上祈於通問時發還至禱 叢方伯龕於
秣陵子縢惇款 公東章之弟 樅莊任若宇株
待覆不及左手專此 弟復敬叩
儷禧 鄦祉 弟景僑頓首
十月初六燈下兩宜

何夢華摹勒于南昌縣學公之東記

一餉賓鴻集，悵年來瑤華天末，暮雲千疊。執手相看西湖畔，意氣飛揚如昔，只鬚髮星星作雪。深怕搏沙吹又散，儘盱衡商略名山業。論巖壑，遲吟屐。

新知名士多於鯽，廿年中蘭荃同臭，如君百一。爾作西河吾竹垞，竊寫肩隨而立（錢井美畫毛朱小象），看後世誰人踪跡。栗里田園歸略早，料今番六月鵬程息。賦招隱，請濡筆。

貂裘換酒

光緒丁亥五月望，雨石宗丈待

復堂居士不至，譜此代柬，錄呈

正拍。井華弟景偁倚聲

破悶年時酒量慳世情只合閑紫閣看生
便抱無涯恨一歲能閑幾日顏懶逐繁
華非計拙覓尋煩惱是身閑朝朝不解
愁來處要在重簾淺夢間破悶
仲修老兄吟壇正句即乞
賜和　戊子三月蒙老弟景修稾

復堂先生陀證月前來示云有諸證之
稱今當莫若相對坐談來即就道
近體若何甚念之萬勿盟之十年前相
識尚時以為是陳曼壽蒲作英一流人
物及讀鈐稿善北宋詞學有根柢且是至性
至情中人方悔前此知之未深也因題一詩
另紙呈
正所以小遣手譜竟茨湖勳
肅此復
起居清適

如小弟 景澄 頓首

六月朔

復堂先生吾兄如手足：前日託高寔翰
兄寄一函，今又託仲恕謝事一牋，祈
垂覽焉。拙稾續刻，序子虞作，潯駢
文一首，惟詞序 老兄賜墨不可少之，
詞旨與 尊選篋中詞相脗合，與
兄別後便闌華不作，今年肆力為之，不
曆丹黃，已得詞十六闋，似比向時為進
境。吾兄回杭有期，當西照就正，如
不即歸，當命兒子錄稾寄呈，惟
序文必須早日 賜下，亦前作要。
兄皆見過，必能道出真際。弟篤好納蘭、
蓮生兩家，靈芬犯不可人，微嫌脆薄，不
耐久咀。 老兄以為然否？近人中以 老兄為
家，非阿私所好，如周止庵論詞，寶獲我
心矣。專此布臆，敬頌
著安，鴻便附
惠好音為盼。　如小弟景陞頓首
光緒乙未秋七月十日

蘇公祠題壁

城南一角湖壖祠作宰嘉禾有去
思三月鶯花湖上酒十年鴻雪秣
陵詩白蘇政績循良傳宰柳香
名從妙辯舊日侯芭今已老歡
難猶記守杭時

元旦

十春元日懶凝思令歲無聊又作
詩對酒尚懷欣聲遠重衾病骨
苦難支謀生偏貴豐年穀閱世
常新古劫棋去日堂堂留不住鏡
中非復舊鬚眉

述病

客秋一病苦羸尫藥爨寒閑
曲房已分棄材身作蟄卻防運
華肘生楊使軀未展承蜩技轉

腳雖施扁鵲方但祝春回廢早
退老夫無事好尋忙
喜暖
蓬戶逾三月今朝啓蟄根荄
蘇地脈藥餌讓天功胥為苦吟瘦
耳因多病聾老貪閒吉語春熟
話年豐
有人以供春砂壺見贈賦詩志謝
陽羨名陶數舊琢砂壺遺製重
供春年來多病相如渴割愛領
來感解人　摶埴泥砂巧作胎大
楸君用壺與儔如何歷歷紅羊後尚
有昆明未劫灰　渾堅磊砢狀奇觚
粟色沈沈質不麤集頂筆款誰繼起
豪家爭購署生韓字
寅自三竺來者言湖上一山敘掮

亥居感而賦此

大好西泠似畫圖，而今風景与前殊。可憐到處多荊棘，豈獨區區一聖湖。

劫後湖邊競賜祠，雕甍畫檻擁罘罳。如何毛羽非同族，也附鷦鷯借一枝。

山如凝黛情含態，著穢何堪到佛頭。詑悟偏安南渡日，金人涎羨是杭州。

奏平格 庚生以先人所遺粵虜題牆草草見貽，感而賦謝

華從寶貴運於虜，蠖臂而今力不如。自愧老來仍乞米，感君助我擘窠書。

近作錄塵

復堂老兄先生 有道 教

光緒乙亥三月 騄懋錄稾

復堂老兄先生如手足：仲恕寄来

惠翰謹悉。右臂有碍，作字甚苦。弟

近值天寒，握管亦有不能自主之勢。而

雲霰集已示先樸老，境淵至如見之。

大箸詞序如我言中所欲言，笙磬同音，

真所謂莫逆於心，相視而笑者。惟推許賜

直京兄訢頓 道老來書言吾兄明
春必歸北來知亦有退志老夫兄弟
欲聚首一堂商略名山之業幸何如之耶
近體更爲痰嗽氣逆臥蓐笙仙稔寶就
公子珈爲福人也近年拙書上石居多無
兄親於作字盍命 錫璐捺觚 謝下口候

此中獲益不少。讀伏生不能傳經，使女口授
老兄可使錫疑以筆代舌也。老兄光景若
難，家良輪船往來屢軀不便，能求青
帥於蘊常松等變安排一席，常川相通
較為安捷。隴西家務，蓋不忍言，亦所難題度
款堂額未付，縣工屋已易主，令人寒心。吾

華廬煤猴柱辛苦絕年，金骨安之策。
素如趙途變作古未覯，以融語云滄海痛
橫流，死供生勞，攘手竟歸乾淨土。晨星
歎寥落，榜空宇，散傷心，又失老成人，德足而
或不計工拙也。閣下錄亦送尊此詩，敬叩
儷安。錫拯均好。
友小弟景深頓首
十月廿六日

歐齋自製箋

復堂老兄大人如手足來示誦悉十指作書來兄太苦何不乞錫阮代筆邦調榆窦詩已送去石渠覽之也何說拙詞已付寫樣卷首大著及以來駢文兩序外金淮生保諸劉光珊填詞成一頁鄭林問從青觀款裁

謹（另一頁）叢書太多擬借　樓老作短跋六七
行以補空渠恪用心處東代鑒賞家
處病不能自己聞方只得再作徵生高
彭代書六七月寄下拙詞　乞便見遞
諒曾（有）中成快如手兵中求教月
箸安　如小弟景瑗拜　初九日

楊氏師呂

師呂為浣花主人摹

復堂老兄吾師：溽暑鬱蒸，天地為爐，

手書適至，披歌詩寶，不啻清風來故人

也。伏承

枕簟晏安，橋梓納福，如頌。藍

洲時時見面，甚羨甚羨。拙稿已災梨棗，秋舲亦借道老之力。

潤嘗于咸書續刻序子雲許為之詞序，仍

且借重

椽筆，敢許我否？以篋中詞有續選

歐齋自製牋

吾近人劉光珊留雲借月盦詞自是能品亦極其太顧而少拙趣　老兄以為然否　亦今年慎十餘闋發前似有進境惜道遠不能就正　箇仙常有信至意興甚好　亦常常不及且近年作字手腕更甚心緒益劣　桑根師金陵杭州皆有薜廬而吾郡無之大是缺

城弟創議在花湖吳公祠隣近建三楹以供粟主，堅乞蓮舫相助爲理。方之、公東皆寄百金來，弟亦願竭綿力。因思及門中受恩最深者，莫如子長兄、艾伯。毋子聯來，必知此淵源，務亟函致艾伯力爲慫恿爲荷。

即豐指資祥禧之。魏塘同門張少泉考座

亦許助貲惟今年必須增工李芝厓太守
從祀名宦亦弟一力營成惜景佩已不及見其
郎芝孫來書擬明春服闋舉行赴此李
季師主入庵留此詩雪以為二千年後請祀張
本庵 老兄亦以為然也秋爲李隱敬頌
著祺大安
如小弟景濂頓首
六月廿日

拙撰薛廬楹聯錄呈 教正

政績居樂天坡老之間人在鏡心千載謳思未已古

規模比白下杭州而小勢分鼎足一龕香火范湖新

甌齋自製牋

復堂先生如晤隴西別後袁葛送更屢
承通辭苦之緣起因之閱筆兩手中君作
汗漫之游亦控雞棠之感前作榆園本書
知閣下已返武林但未知手內解樓遲家弄
否錙極究淵源有托邪之兆否念念亦一歲之
中嵩蒼貫三南宿之嵩岌將脫他日相逢必

謫居右徙面目改常矣硯田尚不甚荒蕪賣
字之外不覓丹黄詩多二三十首詞多擬闋
文則不著一字榆園精神不減篛仙近況
西泠諒已振手藍洲閣仍難赴鄴其來
久不見者理庵妻署　學雲以有信邪
浮僂缺
示集伊所刻駢文正宗續選諸字不少渠亦自

知老兄閱覽之餘所拈出之字是否記出，以省劉記字數耳。亦我自忌為聯，城北以一推敲沒不足惜，所惜湖畔崇祠兩世清名掃地爾。手此布懷，並頌
起居

如小弟景伊上

大淵書

歐齋自製箋

復以如手足　手示讀悉　領致之表已寄出
履藍洲今日已回復書似爲難健覓如我
天痛不離體大日如此見況義椿萱之快
活示取兼慕如　弟此次之疾於六八年不相接
兩臂兩腕之腕肉銳減已盡故不能獨立居
步已成癱瘓惟作字腕力如常真大幸事大錦
旅百守百紀日撝　弟遂送矣此後即收
臥安　小弟景賢頓首　八月初四日

仲儀老兄如手足達李兩函來蒙
賜復並念之至未審
近狀若何歲杪奉初回杭否亦盼至已
並寄有無限心事高臥林臬刻成四卷
分集尚未上版續集一卷將詩詞兩卷
可存今年頃有廿闋皆和宋人趣應之作題跋雜著錄贊極腴

甌齋自製箋

亦有數卷皆須待 閣下來杭面商之耶
讀海横流至於此極無一事可為心同槁
木死灰竊念南宋是何世界而詞人著作
至今未廢設叢此癖者不知蒼蒼者能寬
我歲月否 辭歷事已致書將家匡來觀
更騎馬之勢 恢閎亦已得知撥明真觀

歐齋自製箋

自來謝　弟推由催　蓮舫頃知地主
歲以祠西首予方以來二百元已交　蓮舫　弟
三百元尚未付去　弟所求事亦所錢多推耗
於金陵皆有此屢而吾鄉獨無心何願
安又念及身不幸雖小門人發心物羅善
無此理故不惜作話錄和尚達人收乞並

歐齋自製箋

大禮越察〻康何〻蘊梅久不得音問

序擬請作詞序，推伊儕見示詞一閱，雖

非演說，且臺事如此，諒無此心緒，恐滑何出

如那觀近

祿華如蒙許可，求早見惠為感。詞

示玄後

尚命兒子錄稟呈正，請便祈

公來省歸田賓字尚示至

蓀賓也

惠我數行，敬叩箸安

如小弟景偉叔之

歐齋自製箋

九月初六日

仲脩老兄先生函丈：前奉一緘并公啓，曾荷鑒
隱。摩崖字近作一幀，未蒙賜復，不識已蒞
藏寓否？茲再寄上楹聯兩副、便面兩頁，乞
轉致錢某爲禱。榆園近事可付石印畫報
俚言一律，覽後即付秦燔，切勿示人也。續體
是否袁家不僅病也，痔疾、胃痛、心勤氣喘，今年尚
不至此，一病手戰，腿不脫，在牙口中作梗，方礙食物，
可恨之極。此頌箸安，即賂還雲

小弟景深頓首

十月初五日

風琴雅管盛宦袁老〻座談貴姓
王大腳作媒沈太守小心捧寶許高
陽日中呼捭攜攀盒夜半開藏檢
藥方仄〻平〻平仄〻声防敗走急
拖鎗　半厂一笑　老相以呈稿

復堂老兄我師新歲
諗身健否念念亦欬喘惡寒行步蹣
跚殊少生趣人皆曰春暖必可復自
己亦作是想奈陰雨風峭轉增蕭瑟
動墨本可遣悶而生計又艱窘窘何
殺蒼說死以疾又蠢甚捷郎范湖
度之好懷思每日必出北門輕健可
羨時局日變可為痛哭趙時者滿口

聲光氣電以辭章爲可唐，弟以爲
謬，不至古人之書盡付一炬，彼日之讀
杜詩專務不急之務，不顧人之揶揄，
所謂匹夫不可奪志，未審老兄以爲
何如？老兄近時有無快意之事？乞
示我數行，以慰離索。揄變近體健否？
雪漁、藍洲暇否？均在念。專此敬頌
年禧百益。

秋山弟景德頓首

正月晦日

復公如手足：近體若日前尊諭云自頂至踵無一處不痛，雲老函稱足下登階需人扶掖，中不能上樓梯，痰氣逆腰疼，與弟況大略相同，惟能寫字遠勝吾兄耳。弟看杭友之中，除閣下外無不興高采烈，即十載前癱廢之仲英常坐藤轎扛至友人家談談，亦覺興會不淺，日承二人懷抱如此不佳，亦自已而學佛，足知吾人皆具而不能皆大歡喜。從前嗜好一概屏破，更覺無事可做，猶幸手腕未壞，日以塗抹消遣，翻叢字鐫，慮玩弄黃白以為樂耳。昨省寫得小楷一幅，寄呈青睞。閣下常乘興出游否？稼實、雪老、藍游常晤否？念念。壺江致官而虛明心境一日

知子虞官運甚好，聞同伯近頗研究篆

籀之學，其所集石鼓文聯語雖新，極

佩服。弟前未見過。然小種字林集句已

甚可愛也。各海口戒嚴。聞日前有一西夷七人見溺中途，索附江全省見報

今年若大有一處局如日是好，本山敬叩

頤安

姻小弟 黃質 頓首

幽阮昆季均好 四月廿二日

復堂老兄同懷師事：音問久曠，
道躬佳否？拙指利否？念念。弟又臥病二年
餘，天重九日起床，至今極弱，從此未瘳，幸
眠食無恙，惟借筆墨為消遣。近得淋石
深詩拓本，尚好，覺宋時拔重，經此化出。
重通鑑武后時所艁字凡十二，今十二之外尚有
三字不識：匜（月）壁圀，祈查明示知。雲漁同
年詩極肅清，向之專攻法書者，殊愧知之。
不盡也。專此奉叩，敬請
箸安

如弟景賢頓首　十四日

留雲借月盦製牋

復堂先生如晤 手示讀悉
尊手仍不回煖來御不虛於此惟欵
蹌不肯燈於步伍僂別無所苦擔
容便函寫繳之轉致雪老室金
叢來書金微正是相反榆寬戢羨
閱之稱青來早得秋冬氣進楛褌
者已十五六年矣之就家石敢當

可以配享榆宴，弟在杭州自國初以來享大名大年者，亦乏其人。若老而春興不衰者，足下能縷舉一二否？西湖山水時在夢想，能得秋間健步直來，能看。心焉祝之，隨頌頤道大適。如小弟景隆頓首。己亥四月三日

師呂為浣花
光緒丁酉新年
丁酉題名

復堂老兄我師如手足前日寄上一函并
小楷一紙想已
電入近日
體中若何時出門否念念秋間步履少健
總想來杭一游未知能如願否榆實執
將至經手親否
曁白來書云舊曾相識年
僅二十許肯隨七旬以外人真是不解未知
有人以詩調之否
弟作七絶兩三首寄季

閱後祈轉交爲禱。山舟先生有潔癖，故記粉黛賤性相似，而作中年竹山灑氣韻，点滌近之。惟多病早衰，遠不如之之精神意興。如雲漁同年書，以骨力氣魄勝，与拙筆大不相同，各行其是而已。此頌

著安

如小弟景瀛頓首

四月廿五日

朱亮生硯照

青氣吐虹霓，記從前，並遊京華，酒滿金罍。
五花縱談酣耳熱，蓋朋儕，侵蠻雨，蕭帘。
時梅月，衛河泮，樓錢網子，寒暖盡顏開。

門人孫翰香所蓄銘

乃名是貽，善於發瞭，措之於宜，不安其位。

又

用行則光，韞匱而藏，其為器也，象地之方。

所規銘

先民常旌是曰：曲尺依之，倚之，百不一失。

復堂先生[illegible][illegible]得　手諭示
示以鄭氏通志，致愛益〻多矣，感何可言。不
謹詩為詳曝〻畢一詳曝書化碑未
經見三絕石否，是一種風趣，以濟光治
佳勝，要以某忽高稍。一手見示，罗之中，常非局
一處專送福壽也，然與公為求以效
[illegible]之以處譯本補，其風雲走述補
河南推及見，不備不周，為高宜為
御批輯覽可能也。蘧蒼山桃書卜
[illegible]總之，歎病雜〻〻，蓋子總去年
[illegible]人壽時事難，家後至此，居法然矣之
中本病後不良于行，而獨能於手以
[illegible]了了，半年衰老〻〻，暇之一時不勝萃
小雜肉書立言耳，手荒潤清香延續之愈
頌三四止之時殊一矣，可此言弟謹以
起居　[illegible]　頓首　十三日

半厂居士賜鑒：手教讀悉。方之信已面致。去年沈和獲吉瑞札大集，益紀致法書輕薄，盡方之每談必及閣下，且佩服日記筆墨之古淡真雅，竟至五體投地。其來書曾提及者，仿佛已經震過，實係事忙善忘也。節公前來，連般兩日，儒林外史和眼時必談及，能將墨書寄先

接侍拊言五本華代求溆安古醞晚系藴梅
拜禱信致彦卿乞代謝大集之賜紡眉文修
細讀後腦上經石刻亦待校讎拊還夢仙度見面
宜待祭泰和先生後方理歸擇為是遲作三首
請親致笙翁仍不脫閨膩湘習氣如方之助
薛虞荑不材從壹須到任後寄來渠云風

林寺為家佳不必更張 榆園有其彰之樂未
知君謨荊石止軒集研圖銘拙作廿一字云
會稽山人集摹研橋邊老屋五雲見中有鴝
眼淚如霰 法鑒以為如何修定繕本即請
芹安並頌 首揚題新年室而生霜
澤福 如小弟景偉拜 八月十四日

楷書三分一字 桑師墓志 鄭市亦
存莓雲

復堂先生如晤：前寄一函，度已覽入。日來
尊體平復否？宋賢石刻經校對，字頗此本
尚不能盡善（較勝經房所先本），究以金陵刻經處（即新架所儲者）所刊三種經
合訂一本者為西藏真本，文義優長而又簡潔，
實無上妙品也。弟愛之重之，有吳札觀止之歎。
詢之錙流，茫然不知。秀才不讀學庸，有是理乎？
竹筍來盛，一叙甚快。群居一決，禾郡別稱亦
是雁得之事。卜地於茫湖，吳公祠傍方之眉死

色壽那出鉅款此書蓮舫命出於至誠中
又竭盡心力時時催迫故知其必有成也爾所添
此一景逕考試時蓮舫家中遂寫必多水烟茶
葉須寬買數觔也 老兄盍之斟新渠伯發
文能序其書我一閱否未竟見吾字及用古人二
字用畫切孔子者皆非 尊意以為何如幼眉信想
已代寄感感 桂青擬赴 秉帥之招同館一席不就
矣手此即頌
籌安 小弟景曾 頓首 廿九日

仲老哥大人奴手久稽候惟
著饌曼福為頌 弟為筆墨之役所累未能
常抱佛腳槐黃在即輒用自窘今季試廣
仍殊 老哥費心傾得 公東同年信知伊仍
廣皋園〻中數有泉石之勝 弟閱之不勝艷
羨焉殊附驥但未知園伊係友人家別業
抑隨意人皆可賃住乎乞 老哥為 弟竭力圖之
並殊早日 示覆為感 弟同伴只有 公若弟

含於來与否尚未定耳。昨坐位帖横幅已就，將寄奉，幸教之。此係縮作本，未知前途合式否？倘不愜意，秋試時再書可也。桑師掌珠得而後失，老年人明以遠此嫁，閒聲一喟也。吳哥手臂近來善何？甚念，便中示來為盼。手此布達，敬頌

闔潭集吉

姻小弟吳俊首

蓮溪、雲漁諸君晤時切實道念

十二日

稽山孕靈秀，古今多異材。衣冠盛東晉，瑯琊稱爲魁。王郎遇抑塞，斫劍歌莫哀。儒官不嫌冷，皋比擁崔嵬。深山脩羊瘠，飢腸鳴雷。講藝踞片席，竹箭搜英才。槁邊子雲宅，問奇載酒來。風胡一拂拭，吼匣星鐔閒。伯樂一回顧，叱咤呈龍媒。文章本經術，力挽頹風頹。緬懷船耻宴，謂宗滌甫先生。百歲同岑苔。

仲脩老兄教正　題王上軒同年稽山攬秀圖

光緒戊子十月中澣弟景從力疾呈稿